不宠不娇养育女孩

图解版

云 晓 ◎ 著

朝华出版社

继《培养完美女孩的100个细节》与《培养了不起男孩的100个细节》两本书出版并在全国持续热销后,我陆续接到了很多家长的来信。其中,不少家长在表达感谢的同时,提出了自己在育儿或育女过程中的困惑:

关于女孩和男孩教育,除了注重生活中的每一个教育细节,我们还需做些什么?

随着年龄的增长,男孩的心理发展走向如何?女孩的个性发展会有怎样的转变?

对于男孩来说,父亲的责任何在?母亲的作用何在?

对于女孩来说,母亲如何做好榜样?父亲如何做出正确的引导?

如何应对女孩或男孩在成长过程中遇到的各种危机?

……

父母们的困惑是多种多样的,但追溯其根源却是相同的,那就是:如何更加深入地走进女孩或男孩的内心世界,用更具有针对性的方法对其进行教育与引导。

正是出于这个原因,也才有了今天《不宠不娇养育女孩》和《不打不骂养育男孩》两本书的出版。可以说,这两本书与《培养完美女孩的100个细节》和《培养了不起男孩的100个细节》在内容方面是互为补充的,在形式方面是截然不同的。身为女孩或男孩的家长,您只要从中选择与自己孩子性别相符的两本图书,并身体力行地去实践书中所讲

的教育方法,成功教育的理想就一定不难实现。

为了增进您对本书的全面了解,以方便阅读,现将本书的主要特色呈列如下:

特色一:深入剖析女孩的内心世界。

很多父母认为,与养育调皮捣蛋的男孩相比,乖巧听话、善解人意的女孩要好养育得多。事实果真如此吗?答案当然是否定的。在我们的生活中,为什么健康、懂事的女孩很多,但杰出、优秀的女孩却屈指可数呢?问题的根源在于:养育女孩容易,培养出优秀女孩却并非易事!

当然,从更深层次的角度来讲,所有问题的产生也都缘于女孩独特的心理世界。

女孩的情感可塑性是超强的:因为更注重人与人之间的关系问题,女孩从很小的时候起,就会有更多屈从他人需求的心理——对父母的教育更遵从,为满足他人的需求尽力而为。也正因如此,家长对女孩的教育方式是否科学和合理,往往就会影响甚至决定女孩的一生。如父母从小就教育女儿"女孩就是要乖,要听话",那我们的女孩就很有可能成长为一个顺从听话的传统女性,而不是一个有着自己独特个性、能力卓越的优秀女性。

正因如此,女孩父母唯有走入女孩的内心世界,深入了解女孩的所思、所想,才能以更为科学和有效的方式对其进行教育与引导。而这,也正是本书所要重点呈现给您的内容之一。

特色二:详细阐述女孩的个性特征以及成长特征。

对于养育女孩,父母们的困惑与苦恼是多种多样的:

女孩为什么更注重关系?这会给她们带来怎样的性格优劣势?

女孩为什么更敏感和脆弱,常常因为一点儿小事就哭闹不停?

女孩为什么更容易依赖他人,无论做什么都渴望得到外来协助?

为什么小学成绩优异的女孩,进入中学后成绩容易下滑?

为什么女孩在进入青春期后,性情和行为表现变化会很大?

事实上,所有问题的答案都可以归溯为女孩独特的个性特征与成长历程。这个天生带有"X"染色体的小公主,自出生以后就带有一种天然的女性特征,并且在其年龄不断增长的过程中,这种个性特征更会以不同的形式呈现出来。因此,本书将针对不同年龄阶段的女孩,为父母们提供更为科学和多样的教育方式。例如——

从出生到 7 岁——培养女孩的性格优点,纠正她的性格弱点;

8~12 岁——抓住培养女孩学习能力的最佳时期;

12~16 岁,协助女孩度过人生迷茫期——青春期。

特色三:强调家庭教育分工——明确爸爸的职责,妈妈的作用。

成功的家庭教育,是必须讲究父母分工协作的。在女孩的教育过程中,更应如此。

对于女孩来说:

父亲不仅是女儿衡量男性的标准,更影响和决定着女儿的做人做事标准,进而决定着女儿学习和事业方面的能力。因此,女孩能否拥有完美的个性、幸福的婚姻、成功的事业……这都将取决于父亲的教育是否科学。

母亲不仅是女儿的榜样,教会女儿如何生活、如何正确认识自己、如何做一个女人,更对塑造女儿的性格以及其人生观、价值观的形成等具有决定性的作用。从这个意义上来说,母亲现在的生活状态,往往决定着女孩未来的生活态度、生活方式。

父母对女孩的分工教育,是本书的主线索之一,将贯穿全书始终。建议父母们对此部分内容进行共同阅读。

特色四:加入图解方式 ——读起来更方便,操作起来更便捷。

很多父母在阅读家庭教育类图书后,都会发出这样的疑问:教育孩子也太难了,难不成要天天围着孩子转?

事实上,成功的家庭教育并没有父母们想象得那么复杂,是有一定的规律和技巧可言的。很多教育方法在第一次接触的时候,都会有

难以掌握和操作之感,但当您恰当地运用了几次后,这种方法往往就会成为您固有的一种教育态度,被您熟练掌握。所以在此我也建议您,在一本书的阅读上多花一点时间,并注重实际应用。

本书每一小节的后面都附有"本节重点图示",以图解的方式对具体的方法进行更为鲜活和深入的阐述。希望这种形式,能够给您的阅读与具体操作带来更多的便捷。

最后,祝愿每位阅读此书的家长,在未来的日子里,都能以自己优秀的女孩为傲,以自己杰出的女孩为荣!

写在前面的话

谁是成功的爸爸？谁是伟大的妈妈？

因为工作的关系，常常有孩子的父母问我一个相同的问题："你说，什么样的爸爸才是好爸爸？什么样的妈妈才是成功的妈妈？"

对于这个问题，不同的人会给出不同的答案，每个人都会从不同的角度发掘出不同的好爸爸因素、成功妈妈因素，如给予孩子更多关爱、适当树立权威、与孩子平等沟通，等等。但只有这些就够了吗？

我以为，答案并非如此，父母是否做得成功，衡量的标准只有一个，那就是：

※当你的儿女长大成人时，他们是否会说出这样一句话："我最感谢的人，就是我的爸爸(妈妈)。"

当长大成人的男孩或女孩，意识到父亲或母亲曾经在教育自己方面让自己如何受益终身，并发出由衷的感谢，这时候的这种感谢往往就意味着：你是一个成功的父亲(伟大的母亲)！相信每一位家长听到这样的话，都会感觉自己不枉此生，并为自己的成功教育而感到骄傲和自豪。

当然，在现实生活中，我们听到过很多这样的感谢，同时也听到了

很多对父母的怨言:"如果父亲在我小时候……我就不会像今天这样。""如果母亲……也许我今天就会更幸福。"……我想,这也许是身为父母者最不愿听到的话,也是最感心寒的话。因为这句话不仅抹杀了父母对儿女所有的无私奉献,更意味着:父母所有的努力与付出都是错误的,儿女因父母的错误教育方式而失去了原本应有的幸福!

曾经身为人子或身为人女,成人之后则为人父、为人母,这是我们必经的一条成长之路。因此,在进入本书的阅读之前,我想向天下所有父母提出这样一个问题:

身为父母,不管养育的是男孩还是女孩,你想在未来听到孩子怎样的评价呢?

我的建议是唯一的:**想听到什么,就去做什么!**

希望我的研究和创作,能够给您带来全新的、更实用的、更具体的方法和启示!

云 晓

第1章 女孩的成长历程——全面了解你的女儿

每位家长都希望自己的女儿优秀、出色,但家长们仅仅有这种意识是不够的,还需要去了解女孩,了解她们的成长需要什么,了解她们在成长过程中可能遇到的问题……

一 7岁前,塑造女孩一生的关键 / 003

　　方法一:增强女孩的男性特征
　　方法二:理性教育让女孩更独立

本节重点图示:从出生到7岁,女孩父母应当这样做 / 018

二 8~12岁,培养女孩学习能力的最佳时期 / 022

　　方法一:遵循女孩内心的意愿
　　方法二:在日常生活中融入数学
　　方法三:用艺术来滋养女孩

本节重点图示:8~12岁,女孩家长应当这样做 / 039

三 13~16岁，协助青春期女孩度过人生迷茫期 / 042
　　方法一：和女儿一起摒除不必要的羞耻感
　　方法二：引导女孩在同伴身上发现自己

本节重点图示：13~16岁，女孩家长应该这样做 / 054

女孩来自于一个有别于男孩的"世界"

　　女孩和男孩来自于两个完全不同的"世界"。在女孩的世界里，充满了糖果、香料、洋娃娃等温馨美好的事物；而在男孩的世界里，却充满了手枪、坦克等带有冒险性和探索性的事物。

一 X染色体——决定女孩一生的成长轨迹 / 059
　　方法一：让和睦的家庭为女孩披上"金色外衣"
　　方法二：让女孩明确自己的力量和能力
　　方法三：让女孩"辛辣"的方面与"糖"的方面协调发展

本节重点图示：弥补女孩的个性弱点，家长应当这样做 / 074

二 雌性激素——开启女孩女性特征的"金钥匙" / 078
　　方法一：引导女孩把眼界"放大"、"放宽"
　　方法二：不惩罚，为女孩设置"栅栏"
　　方法三：聆听女孩的倾诉，放慢解决问题的步伐

本节重点图示：尊重并引导女孩的正确情感，家长应当这样做 / 091

三 从大脑结构差异看女孩的智力发展 / 093
　　方法一：让女孩学会动笔
　　方法二：确保女孩参与课堂问答

本节重点图示：培养聪明女孩，父母应当这样做 / 105

第3章 父亲的教育,决定女孩的一生

父亲与女儿之间有着一种天然的默契。每位父亲在第一次看到自己的女儿时,都会有一种温暖的似曾相识的感觉,这种感觉更会让父亲情不自禁地喜爱她们。那么,对于女孩来讲,父亲的这种关爱和培养又意味着什么呢?父亲的教育又会对女孩产生怎样的影响呢?

一 父亲的教育——不同阶段,给女儿不同的爱 / 111

方法一:婴幼儿时期——父亲要用更多时间来关注和护理女儿
方法二:童年期——父亲要更多参与到女儿的生活中
方法三:青春期——换种方式去爱你的女儿

本节重点图示: 不同阶段,父亲如何给予女儿不同的爱 / 125

二 父亲赋予女儿的最大财富——"男性精神" / 128

方法一:男性精神之——将爱藏在心里,让女孩成为独立的人
方法二:男性精神之——用"冒险"活动激发女孩的乐观精神
方法三:男性精神之——引导女孩形成自我约束力

本节重点图示: 赋予女孩"男性精神",父亲应当这样做 / 142

三 父亲对女儿人生的塑造——关于情感、自信和审美 / 145

方法一:父亲是女儿的"异性模板"——引导女孩正确认知"男性标准"
方法二:父亲是女儿自信心的给予者——提升女孩的"自我评价"
方法三:父亲是女儿的"美容师"——促使女孩形成正确的审美观

本节重点图示: 赋予女儿美好人生,父亲应当这样做 / 157

第4章 养育女孩，母亲要扮演好自己的角色

对于女孩而言，母亲到底意味着什么？母亲对女儿的人生有哪些决定性的作用呢？

儿童心理学家给出了一个明确的答案：母亲是女儿的榜样，她教会女儿如何生活、如何正确认识自己、如何做一个女人……

一 母亲是女儿的榜样——教女孩如何做女人 / 161

方法一：帮女儿找准"女性社会角色"的平衡点
方法二：赋予女儿感知幸福的能力
方法三：赋予女儿有条理、有节奏的生活

本节重点图示：做好女儿的榜样，母亲应当这样做 / 173

二 母亲是女儿的一面镜子——教女孩正确认识自己 / 176

方法一：提高女儿的自我决断力——母亲要做到"权威和放权"相结合
方法二：汇聚女儿的人缘——教女孩一些与人交往的方式
方法三：让女儿追求精致生活——培养女孩的好习惯

本节重点图示：赋予女儿好未来，母亲应当这样做 / 189

三 母亲是唤醒女儿的第一人——塑造女孩的性格 / 192

方法一：女孩要维护自己的权益——让女孩敢于发言
方法二：让女儿成为优秀的人——激发女孩的进取心

本节重点图示：塑造女儿好性格，母亲应当这样做 / 201

第5章 优秀女孩必须具备的三大素质

专家指出：女孩要想成长为一名优秀的女性，必须具备三种素质：第一，保持心理健康；第二，具备三种能力，即理财能力、管理能力、分辨能力；第三，学会把握情感。

一 女孩走向美好生活的先决条件——时刻保持健康的心理 / 205

方法一：针对冷漠和孤独——激发女孩对生活的热情

方法二：针对抑郁和焦虑——帮女孩找到自己的兴趣、爱好

方法三：针对恐惧症——引导女孩多接触现实

本节重点图示：保持女孩健康的心理，父母应当这样做 / 216

二 优秀女孩必须具备的三种能力——理财能力、管理能力、是非分辨力 / 218

方法一：理财能力的培养——教女孩如何管钱

方法二：管理能力的培养——引导女孩在团队中得到锻炼

方法三：是非分辨力的培养——提高女孩的警惕性

本节重点图示：提升女孩的素质与能力，父母应当这样做 / 225

三 让女孩逃出感情的拖累——教女孩学会把握情感 / 227

方法一：让女孩快乐起来——化解女孩的悲伤

方法二：让女孩生活得更轻松——消除女孩的担心

本节重点图示：教女孩正确把握情感，父母应当这样做 / 232

第6章

女孩成长过程中经常会出现的问题及解决方法

孩子在成长过程中,会出现很多这样那样的问题,感情丰富、心思缜密的女孩更是如此。在这里,我们将针对女孩成长过程中易出现的心理问题和成长问题,进行详细的剖析。希望这些分析和具体的解决办法会对家长有所帮助。

一 女孩爱哭闹怎么办?/ 235

二 女孩任性怎么办?/ 238

三 女孩自卑怎么办?/ 241

四 女孩容易嫉妒怎么办?/ 244

五 青春期的女孩叛逆成性怎么办?/ 247

女孩的成长历程
——全面了解你的女儿

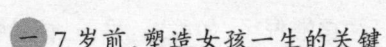

一 7岁前,塑造女孩一生的关键

二 8~12岁,培养女孩学习能力的最佳时期

三 13~16岁,协助青春期女孩度过人生迷茫期

引 语
yinyu

每位家长都希望自己的女儿优秀、出色,但家长们仅仅有这种意识是不够的,还需要去了解女孩,了解她们的成长需要什么,了解她们在成长过程中可能遇到的问题……只有对女孩的成长历程了如指掌,家长们才能给予她们所需要的,才能满足她们的心理需求,才能培养出优秀的女孩。

一般来讲,女孩的成长分为三个阶段:

第一阶段:从出生到7岁,这是塑造女孩一生的关键期。在这一阶段,女孩会呈现出很多女性的优点,如乖巧、听话、善解人意等。但女孩天生的那些个性弱点在她们身上也已初露端倪了,如脆弱、懦弱、依赖性强等。因此,家长在这一阶段对女孩的教育,将会影响她们一生。

第二阶段:8~12岁,这是女孩学习的关键期。此时,女孩表现出极强的学习热情和欲望,她们强烈地渴求吸收新鲜的"养分"。因此,你的女孩能否掌握出色的技能,以及获得学习的能力,就取决于这一阶段你对她的教育。

第三阶段:13~16岁,女孩进入了青春期。在这一阶段,你对女儿的教育,往往决定着她将来是成为一个急躁、叛逆的女性,还是知书达理、善解人意的女性。

7岁前,塑造女孩一生的关键

在生活中,常常有女孩的家长这样对我说:"与那些调皮的男孩比起来,女孩好养多了,我们往往不用费太大的力气,就能把女孩教育好。"

的确,与男孩相比,女孩有很多优点,例如乖巧听话、干净整洁、善解人意等。而且,在女孩很小的时候,她们的这些优点就已经显现出来。但是,在生活中,我们还常常会听到女孩的家长这样评价女孩:

她们非常敏感,即使是别人不经意间所说的一句话,都会让她们伤心半天;

她们很脆弱,常常因为一点小事就大哭大闹;

她们总是依赖别人,无论做什么事,她们都渴望父母能够帮助她们;

……

是的,由于体内荷尔蒙激素的不同,在很小的时候,男孩和女孩就已经表现出了很大的不同。就拿上面这些家长的评价来说,男孩的家长一般都不会抱怨自己的儿子敏感、脆弱,也不会轻易评价儿子胆小、依赖父母。只有在女孩身上,这些特点才会表现得很明显。事实上,我们不可否认:敏感多疑、感情脆弱、依赖性强……这些都是女性天生的一些弱点。

一般来说,在7岁之前,女孩这些弱点就已经很明显地表露出来了。一位5岁女孩的家长曾给我讲述了这样一件事情:

一次,我和丈夫正在讨论家庭开支问题,看女儿走过来,我们就停止了讨论,而且换了一个比较轻松的话题,因为我们不想让女儿过早地感觉到成人的压力。

但接下来的一段时间,我发现女儿的表情和行为都非常奇怪,她

总是坐立不安,而且警惕性很强,总像是在打探什么情报。后来,在我的耐心引导下,女儿才说出了她的心里话。她心事重重地这样问我:"妈妈,那天你和爸爸是不是在说我的坏话?"

是的,在女孩很小的时候,她们这种敏感的特点就已经很明显地表露出来了。可是,她们为什么会如此敏感呢?心理学家给出的解释是,女孩从开始接触她自身之外的世界时,就把外部世界看做是一个充满"关系"的世界。她用"关系"来衡量一切,来衡量父母对她的爱,来衡量谁有可能成为她的朋友……在上述事例中,因为女儿的出现,父母忽然停止了谈话,女孩就以为她与父母之间的关系发生了变化,父母不再爱她了,所以她才敏感地以为父母在说她的坏话。

其实,从深层次的角度来分析,女孩的脆弱、依赖性强等弱点,与她们注重人与人之间的"关系"有关。正是因为她们注重关系,所以一旦她们觉得自己与他人之间的"关系"破裂时,就会表现得非常脆弱;正是因为她们渴望与父母建立更加牢固的关系,所以她们才会那么强烈地依赖父母……

基于此,很多心理学家表示,那些认为"女孩好养"的观点都是错误的。的确,由于我们的女儿很注重人与人之间的关系,所以,为了赢得我们的欢心,她往往很顺从、很听话、很愿意与我们合作。但值得注意的是,在这些女孩之中,健康、懂事的女孩很多,但杰出、优秀的女孩子却屈指可数。在这种情况下,女孩的家长们不得不接受这样一个事实:**养女孩容易,培养出优秀女孩却并非易事!**

那如何才能让女孩更加优秀呢?

心理学家经过研究发现,从出生到 7 岁,女孩身上已经表现出了很多女性的天性。这其中,包括女性很多天生的优点,例如干净整洁、善解人意等,也包括女性很多天生的弱点,如敏感、依赖性很强等。在这一阶段,如果家长能够了解女孩的这一特点,并帮助她们强化自己的优点同时克服自身的缺点,女孩就能更加优秀。也正是在这个基础上,我们得出这样一个结论:

※从出生到 7 岁,是塑造女孩一生的关键期!

这也就是说,因为 7 岁之前,女孩的习惯、性格尚处在萌芽期,如果家长能够在这一阶段把女孩身上的弱点"一举歼灭",那女孩就能被塑造得更加完美。

具体来讲,在 7 岁之前,女孩身上天生的一些弱点会表现在以下几个方面:

1. 胆小脆弱,不坚强。

人们常说,女孩是水做的。也许因为与水有关,女孩的性格中有很多温顺、柔和的因素。但是,如果女孩性格中的这种温顺的因素过多,人们便常常用另一些词汇来形容她,诸如胆小、脆弱、不坚强等。例如:

她们怕黑;

她们不敢一个人睡在房间里;

她们害怕各种各样的虫子;

……

所以,在大多数家长的心目中,女孩与男孩是完全不同的,她们就是"弱者"的代名词。

正是在这种观念的影响下,大多数的家长对女孩疼爱有加,他们不仅在衣、食、住、用、行等各个方面,对女孩进行最细心的照顾和帮助,而且还试图在任何方面都避免女孩受到伤害。例如,当女孩做错事情时,他们会毫无怨言地为女孩承担所有的责任;当女孩面临选择时,他们会毫不犹豫地为女孩做出最佳选择……

正是因为家长这种无微不至的照顾和帮助,女孩才有了不坚强的理由,也才有了凡事都依靠家长的借口。在这种情况下,女孩脆弱的天性才会最大程度地被激发出来:手臂擦破了一点皮,会哭个昏天黑地;内心受到一点点冲击,便觉得全世界都抛弃了她……因此,可以毫不夸张地说,家长的这种教育方式恰恰是造成女孩脆弱的元凶。

2. 敏感,容易受伤。

研究表明,从出生到 7 岁,女孩之所以表现得比男孩敏感,是因为

她们对人、对事物的敏感度都要强于男孩。

特别是在 3~7 岁这一阶段,小女孩能够通过各种感官来获得微妙的、细节性的信息,她们总是捕捉他人语言和行为中隐含的信息,尤其是一些她们自认为对自己不利的信息。在这些不利信息的暗示下,她们常常觉得别人的语言和行为伤害了自己,所以才表现得那样敏感。

一天晚上,4 岁的丽丽与爸爸一起看电视。丽丽拿着遥控器,一直想找一个自己喜欢的节目,但足足找了 10 分钟,她都没有找到。

这时候,爸爸早已被不断变换的电视画面搞得心烦意乱了,于是不耐烦地对丽丽说:"你到底想看什么?"

没想到,因为爸爸的这一句话,丽丽哭了半天,还一边哭一边对妈妈说:"爸爸不喜欢我,爸爸讨厌我。"

人们都说小女孩容易小心眼儿,其实,这反映的就是女孩敏感这一特点。对于这些年龄尚小的女孩来说,她们的感觉就是这样奇怪,在与他人相处时,她们总会捕捉他人语言和行为中对自己不利的因素,来证明他人伤害了自己。再加上女孩很注重人与人之间的关系,这就更加重了女孩感觉的敏感度。

也许大多数的女孩父母们都接受了"女孩就是小心眼儿"的观点,所以,在更多的时候,他们常常不把女孩的这种敏感放在心上。但心理学家却表示,如果女孩长期处在这种"努力证明自己受到了伤害"的状态中,这对女孩的心理发展是非常不利的。

当然,面对女孩敏感的表现,很多家长也常常给女孩灌输这样的思想:不要把所有的事情都放在心上,不要为那些没有必要的事情伤心……

但事实上,对于 7 岁之前的女孩来说,家长们所讲的这些道理都是没有作用的。虽然女孩的大脑比男孩的要发育得快,但在 7 岁之前,女孩还没有理性思维的能力。所以,家长的这些道理对她们根本不起作用。

那家长们应该如何引导女孩走出这种敏感的状态呢?

对此,我为您提出这样一个建议:**家长即使批评女孩,也要让她感**

受到你对她的爱!

就拿上述事例来说,当爸爸了解到女儿这种敏感的感受时,就应该主动去安慰女儿。例如,爸爸可以把女儿搂在怀中,抚摸着她的头说:"你是不是觉得爸爸不爱你了?其实爸爸一直都爱你。"当女孩敏感的心灵得到抚慰之后,她们那种受伤的感觉就会消失。当然,当女孩恢复平静之后,爸爸还应该引导她看到自己的错误。这样,再遇到类似的情况,女孩才有可能从自己的行为方面找原因。

3. 依赖性强,缺乏独立性。

每个孩子都很依赖父母,但女孩们的这种依赖似乎要更加强烈。即使她们已经会走路了,她们也渴望母亲或者父亲能够抱着自己。即使到了五六岁,她们不再要求父母抱,但她们也希望父母能够一直陪在自己身边。

为什么女孩们会表现出那样强的依赖性呢?

事实上,在0~7岁,女孩依赖父母是一种很正常的现象。因为研究证明,在母体中,婴儿处于一种被羊水包围的环境中,她们会感觉很温暖、很舒服,也会产生很强烈的安全感。但出生之后,由于脱离母体,她们对这个未知的世界充满了疑惑和恐惧,她们希望通过依赖父母来破解自己的疑惑和恐惧感。所以,她们对家长们的爱和关注便有一种强烈的渴望。

也许有家长会说,对于0~3岁的女孩来说,这一理由是成立的,但当女孩到了7岁时,难道她们还没有适应母体之外的环境吗?

的确,对于3~7岁的女孩来说,她们已经适应了母体之外的环境,但在这一阶段,女孩的安全感不但没有加强,反而在下降。因为在这个年龄段,大多数的家长都不会再像以前那样抱着她们。由于缺少这种肌肤的接触,女孩常常会产生这样的疑虑:是不是父母不爱我了?所以,在这一阶段,家长要增加一些与女孩肌肤接触的机会。例如,在女儿睡之前,给她一个拥抱;在与女儿交流时,拉着她的手,等等。

并且有研究表明,女孩在婴幼儿期对父母之爱产生的那种信赖感一直会持续到青春期,这对她们顺利地度过青春期也有很大的帮助。

在 0~7 岁,女孩身上除了会表现出这些女性的弱点之外,还会表现出以下几个显著的特点:

1. 女孩会过早地感觉到压力。

由于天生就注重关系,大多数的小女孩很早就学会了关心他人,因为这一点,人们常常用懂事和善解人意来形容女孩。但在很多时候,正是由于女孩注重关系和善解人意这一特点,她们常常会感觉到在她们这个年龄不应该有的压力。

一位单亲母亲曾讲述过这样一件事情:

与丈夫离婚后,女儿一直与丈夫一起生活。两年之后,当我与女儿待在一起时,我觉得我的女儿像变了一个人,她就像变成了丈夫的小妻子。她向我讲述丈夫的工作、他与女朋友之间的矛盾,以及他在经济上遇到的困难……

是的,大多数的女孩都是懂事和善解人意的,但如果家长不帮助她们分清自己责任的范围,她们很有可能过早地感受到成人的压力。就像上述事例中所讲的一样,一个6岁的小女孩本处在自由玩耍的童年期,但父母的离异却让她过早地感受到了成人的压力,她会为父亲的工作以及经济状况担忧……如果她的父母再允许她继续思考这些问题,这些压力很容易使这个小女孩的心理出现问题,或者把她压垮。

那么,家长应该如何做,才能保证女孩健康成长呢?

事实上,如果家长在女孩小时候不帮她们分清自己的责任界限,女孩不仅会过早地感受到成人的压力,而且将来还可能在"委屈"和"受伤"中度过一生。因此,家长有责任让女孩从小就明白自己责任的范围。

2. 太多的道理对女孩根本不起作用。

生活中,每当女孩犯了错误,大多数的家长会通过讲道理、做解释等方法来教育她们。但其实,家长的这一教育方式,对规范女孩的行为、引导女孩合作是毫无用处的。当然,这一结论是心理学家通过多次试验而得出的:

在一所幼儿园内,心理学家把一个班的女孩分成两组,让她们玩橡皮泥。每当这个游戏结束时,工作人员就告诉第一组的女孩们:"游戏结束后,要把所有的橡皮泥收起来,不然橡皮泥会风干,以后就无法继续玩了。"

对于第二组的女孩,每当她们玩橡皮泥的游戏结束时,工作人员不是对她们讲道理,而是不声不响地把橡皮泥装到盒子里收好。

这个试验持续了一周,一周之后,虽然第一组的女孩们听了那么多的大道理,玩完橡皮泥后,她们仍然不知道把橡皮泥收好;而第二组的女孩则不同,玩完橡皮泥后,她们会主动把橡皮泥装到盒子里。

由这个试验我们可以看出,对于这些年龄尚小的女孩来说,道理和解释对她们根本不起作用。对此,心理学家们给出的解释是,在7岁之前,女孩根本还没有理性思维的能力,她们的理性思维要到10岁左右才出现,在此之前,她们的思维仅仅是象征性的思维。由此我们可以得出这样一个结论:如果在女孩7岁之前,家长总是试图通过讲道理、做解释来教育她们,这对女孩思维的发展将会起到拔苗助长的作用。

我们知道,大多数的女孩都是非常注重关系的,尤其在小的时候,她们强烈地渴望与父母建立稳固的关系,所以,她们常常通过一些合作行为来赢得父母的欢心。例如,即使父母讲的道理她们并不懂,她们也会强迫自己去理解。在这种情况下,家长的这种教育就等于在强迫她们去理解事物,这会对女孩的思维发展造成负担。

那么,在女孩0~7岁这一阶段,家长应该用什么方法来教育女孩呢?

其实,心理学家所做的那个试验已经告诉了我们答案,那就是——**用自己的行为去引导女孩,给女孩做出榜样**。从出生到7岁,女孩正处在模仿他人的阶段,也许她们听不懂道理,但她们可以模仿他人的行为。就像上述试验中所说的那样,要想让女孩玩完橡皮泥后把橡皮泥收好,家长没有必要给她们讲道理,只要用正确的行为给她们做出示范就可以了。

因此,在女孩的理性思维能力没有出现之前,家长对女孩的教育应该是这样的:

※如果想要女孩养成干净整洁的好习惯,那家长就应该及时把房间、厨房都打扫干净;

※如果想要女孩养成讲礼貌的好习惯,每当遇到邻居时,家长就应该热情地打招呼;

……

3. 对性别会产生一定的好奇感。

3岁之前的女孩,她们对性别的认识是模糊的,也许她们根本分不清,或者根本不在乎自己是男孩还是女孩。但3岁之后,女孩就有了一定的性别意识,她们知道自己是女孩,也能通过服饰、造型等找出与自己同性别的人。她们还知道,爸爸和叔叔是与自己完全不同的一种人。

当然,当女孩有了一定的性别意识之后,很多家长也开始为女孩的一些行为而担心。一位母亲讲述了这样一件事情:

女儿在4岁左右时,总会有意无意地摸自己的下体,我和丈夫对此都感到很尴尬。后来,听医生说这是正常的现象,但我还是感觉不自在。

是的,对于这些小女孩来说,就像玩游戏会快乐一样,触摸自己的生殖器官也会产生一定的快感。虽然就像上述那位母亲所说的那样,很多家长会对此感到不自在,但事实上,对于这些刚刚有了性别意识的小女孩来说,这是很正常的一种现象,这是她们对"性"探索的一种表现。

遇到这种情况,大多数的家长都会阻止女孩,并对她说:"别摸,丢死人了!"其实,家长的这种做法根本不会阻止她们对那种快感的探索,女孩还会继续这种行为,但与以前不同,此后她会因为自己的这种行为产生罪恶感。

针对这种情况,家长最明智的做法是:告诉她们这种行为是允许的,但必须在没有他人在场的情况下才可以。这样女孩才不会因为自己的行为而产生罪恶感,也不会沉迷于这种行为而不能自拔。

那么,从出生到7岁这一阶段,为了塑造更为完美的女孩,家长还要做些什么呢?

方法一：增强女孩的男性特征

女孩与男孩在很多方面都不同，这在她们很小的时候，在一些生活的细节中就能很明显地表现出来。就拿孩子们玩的游戏来说，小女孩都喜欢洋娃娃等玩具，而那些小男孩们却不屑玩这些玩具；小男孩们爱玩手枪、飞机、变形金刚等玩具，而小女孩们对这些玩具却一点也不感兴趣，有时她们甚至还会讨厌这些玩具，因为她们觉得这些玩具太暴力、不安全。

为什么女孩和男孩会存在如此大的差异呢？

儿童心理学家表示，这与孩子们的天性有关。男孩天性爱动、喜欢冒险，所以他们会对那些带有冒险性的玩具情有独钟；而大多数的女孩文静、喜欢安全，所以她们对那些让她们感觉舒服和温暖的洋娃娃会格外感兴趣。

"男孩爱玩枪，女孩爱玩洋娃娃"，这已经是被所有家长都接受的一个事实，并且一直以来，家长们都在按照这一规律来养育儿女：如果自己生的是个男孩，就把他的房间涂成蓝色，然后买大量的汽车玩具、手枪玩具给他玩；如果自己生的是个女孩，就把她的房间涂成粉色，然后用大量的洋娃娃和玩具熊来装饰她的房间。

然而，家长们的这种教育方式并不利于女孩的成长。原因很简单：对于男孩来说，家长让他们玩那些冒险性的玩具，可以培养他们勇敢、坚强、竞争的品质；但对于女孩来说，家长总是让她们玩那些象征安全的玩具，这不仅会造成她们思维方式的单一，而且还会助长她们身上的那种女性天生的弱点。

一位母亲曾这样担心地说过：

从女儿出生那一刻起，我就下定决心要把女儿培养成一个公主式的女孩。因此，我给她买了很多芭比娃娃、玩具熊等玩具，而且还经常给她讲那些公主们的故事。

但随着女儿的成长我却发现，我越是这样培养她，女儿身上的那种女性天生的弱点就越明显。有一天，女儿竟抱着她的洋娃娃对我说：

"妈妈,我也要等待我的王子把我救出城堡。"

当时,我一惊,女儿为什么会产生这样的想法?如果她一直这样消极地等待王子的出现,是不是她就会忽视自己的努力?仔细思考后,我意识到了自己教育方式的错误,女儿之所以会出现这种思想,这与我给她玩的玩具,以及给她讲的那些公主故事有着直接的关系。

女孩玩女孩们爱玩的玩具,这无可厚非,并且这对女孩女性特征的培养也有很大的帮助。例如,通过与那些芭比娃娃接触,女孩可以养成干净整洁、注意自己外表的好习惯;通过与那些玩具熊做游戏,还可以培养她们的爱心,以及塑造她们细腻的情感……但家长们也应该注意,如果女孩每天都与这些洋娃娃和玩具熊接触,那女孩就会完全陷入到女性的世界里。长久如此,她自己所营造的这种充满安全感的环境,就会成为她们女性弱点滋生的温床。

每个女孩小的时候都会梦想自己有一天能够变成公主,在这种情况下,如果女孩每天接触的还是那些洋娃娃、公主童话,那她就会真的把自己想象成公主。就像上述事例中所讲的那样,在这些女性玩具和公主童话的包围下,女孩只能是消极地等待他人的帮助、消极地等待王子的出现。在这种环境中长大的女孩也许会有一些公主的气质,但在她们身上,更多体现的还是软弱、依赖等个性特征。

那家长应该如何教育女孩,才能对她们的成长更有利呢?关于这一点,家长可以借鉴以下两种科学的方法:

※一、为女孩改写那些公主故事;

※二、有意识地让女孩多玩一些男孩玩的玩具,以增强她们的男性特征。

何谓"为女孩改写公主故事"?一位父亲对此做出了很好的诠释:

在女儿小的时候,她总会抱着她的洋娃娃缠着我给她讲那些公主故事,我很愿意给女儿讲这些故事,但我讲的公主故事与一般的公主故事不同。在我的故事中,白雪公主不是消极地等待小矮人们来救她,而是与小矮人合作，一起对付那个凶狠的后母；那个中了巫婆咒语的公主，也没有消极地等待王子的出现，而是靠自己的努力去寻找王子……

通过这些公主故事，我一直向女儿传达这样的观念：公主并不是因为她是公主才赢得了别人的喜爱，也不是因为她的美貌，人们才喜欢她；她能赢得所有人的尊重，是因为她具有坚强、勇敢、机智等优点。

在这种公主故事的影响下，女儿常常这样对我说："我也要像那个公主一样坚强、勇敢。"

是的，那些传统的公主故事常常会向我们的女儿传达这样的观念：因为她是公主，所以大家都喜欢她；因为她美丽，她就能得到王子的爱……这些观念会使我们的女儿盲目地崇拜那些公主的权力和美貌，当然，她们也会毫无条件地接受公主的软弱和对他人的依赖。而这，显然只会把她们身上的那些女性的弱点最大程度地激发出来。

所以，上述事例中那位父亲的做法是非常科学的。他也给女儿讲公主故事，但通过这些公主故事，他让女儿学到的是坚强、勇敢，他这是在有意识地增强女儿的男性特征。

那么，家长又如何通过男孩玩具来增强女孩的男性特征呢？

在解决这一问题之前，家长必须接受这样一个结论：**让女孩玩那些男孩们玩的玩具和游戏，能够增强她们的男性特征**。当然，这一结论并不是空穴来风，而是教育专家经过调查研究而得出的。

教育专家对某小学一个班级的女生进行了长达18年的跟踪调查。调查的结果显示，在这些女生之中，有4名女孩一直都非常优秀，她们现在的职业分别是律师、建筑设计师、政府要员和商界精英。而且，她们身上有很明显的共同点，那就是坚强、有很强的进取心。

同样的年龄，接受同样的学校教育，为什么这4名女孩会比别人更加出色呢？

教育专家们从这些女孩的家庭教育中找到了突破口，他们惊奇地发现，这4名女孩的家庭教育存在很大的共同点，那就是——她们的父母对她们更多采用了倾向于男孩的教育。这其中包括，在她们小的时候，让她们玩一些男孩玩的玩具；和她们做一些男孩才喜欢的游戏

和运动,如打篮球、赛跑等。

由此,教育专家得出这样一个结论:对女孩采用倾向于男孩化的教育,可以促使女孩更加优秀。

其实,这些倾向于男孩化的教育方式之所以能让女孩更加优秀,是因为它弱化了女孩身上的女性弱点。在0~7岁这一阶段,公主式的教育方式只会助长女孩身上的女性弱点。但如果家长对女孩采用的是倾向于男孩的教育方式,这不仅可以弱化女孩的女性弱点,而且还可以增强女孩的男性特征。例如,男孩游戏的竞争性会让女孩明白,只有通过自己能力的提升才能赢得成功;家长带女孩玩的那些男孩游戏,以及参加的体育运动会告诉女孩,一个坚强、勇敢的女孩才能赢得他人的喜爱和尊重……

当然,这一教育方式需要父亲的配合,如果父亲能够拿出足够多的时间和精力来教育女孩,这对女孩摆脱那些女性天生的弱点有很大的帮助。

另外,还需要提醒家长们的是,对女孩进行倾向于男孩的教育,并不是说要把女孩当成男孩来养,这样做不但会使我们的女孩变成"假小子",而且对她们的心理健康也有很大的影响。其实,对女孩进行倾向于男孩的教育指的是,家长鼓励女孩女性特征的发展,同时还要用男性的坚强来弱化女孩身上的女性弱点。只有让女孩同时具备两种不同的品质:女性的细腻和体贴、男性的勇敢和坚强,我们的女儿才更加容易走向成功。

方法二:理性教育让女孩更独立

在大多数家长的眼中,女孩是柔弱的,是强烈需要他人保护的。在这种观念的影响下,大多数的家长都会无条件地为女儿做任何事情。每当帮女儿做事的时候,这些家长都会自豪地这样想:在这种无忧无虑的环境下,我们的女儿才会健康、快乐地成长。

家长们的这些教育观点是否正确呢?一位母亲的讲述也许会带给我们某些启示:

我和丈夫都非常喜欢女孩,我们把女儿当成上天赐给我们最好的礼物。因此,我们一直把女儿当成宝贝,不但不让她做那些烦人的家务,而且每当她遇到难题时,我们都会及时地出现在她面前,为她提供帮助。

女儿很信任我们,也很依赖我们,我们对此感到很满意。女儿大学毕业之后,我们为她联系好了工作,还为她找了一个很优秀的老公。我们以为从此女儿就可以过着很幸福的生活,但事实却与我们想象的正好相反,女儿不但过得不幸福,还离了婚。

此时,我们才惊奇地发现,我们的女儿不但没有应对一些难题的能力,而且她几乎连自己最基本的生活都处理不好。

是的,在每位家长的眼中,女孩都是惹人怜爱的。但是,家长们必须弄明白这样一个问题,虽然我们的女孩身上存在着女性天生依赖性强的弱点,但在大多数情况下,女孩的这种弱点是被家长激发出来的,并且是在家长的教育中不断增强的。在女孩小的时候,也许遇到自己解决不了的事情,她会向家长求助,但如果每次家长都是毫无条件地为女孩提供帮助,或者不等女孩开口,家长就急着去帮助她,那当再次遇到困难时,我们的女孩往往连想都不想,就会把这些难题推给父母。

其实,这就是女孩依赖性增强的一个过程。家长们可以这样想,除了我们,还有谁会长期包容我们连做家务都不会、处处都要依赖别人的女孩呢?

人们都说女孩要像公主一样来养育。是的,每位做家长的都希望自己的女儿能像公主那样高贵、有气质,但家长却忽略了,虽然公主们都拥有高贵的气质,但她们也是分很多类型的:有蛮横无理的公主,有处处依赖别人的公主,还有机智勇敢、能力出众的公主。所以,如果家长们都像上述事例中的母亲那样养育女儿:任何事情都帮女儿去做、任何困难都帮女儿去挡,即使这样的教育能使女儿拥有公主般的气质,这样的公主也只能是像上述事例中的那个女儿一样,没有任何能力,处处都要依赖别人。

上述事例中女孩的结局是每位做家长的都不愿看到的。所以,要想避免自己的女儿有同样的结局，做家长的就应该在女孩小的时候，对她们进行理智的教育。

那家长应该如何对女孩进行理智教育呢？一位母亲这样分享她的育女经验：

我很疼爱我家的小公主，但我从来不娇惯她。在女儿5岁左右时，我就让她尝试着洗自己的小手绢、小袜子等；等她稍大一些，我就引导她帮我做一些力所能及的家务。现在，我的女儿虽然刚刚上小学，但即使让她自己一个人在家我也放心，因为她完全有能力自己照顾自己。

当然，让我最骄傲的还是女儿独立处理问题的能力。记得她5岁那年，我带她去逛商场，因为人很多，我和女儿不小心走散了。当我慌张地跑到商场服务台时，却看到了一脸笑容的女儿，她正准备通过商场广播来找妈妈呢……

女儿的自理能力，以及独立解决问题的能力这样强，无论她走到哪里，我都不担心。

由这位家长的分享我们可以看出，这位家长对女儿的教育充满了理性。她也深深地爱着自己的女儿，但她知道女儿的成长需要什么，女儿的未来需要什么，所以她把对女儿的爱融入理性之中，从小就培养女儿的自理能力和独自解决问题的能力。

在生活中，家长尤其是母亲常常会说这样的话："女儿自己一个人在家不行，她根本就照顾不了自己"，"每当女儿离开我时，我都非常担心，怕她遇到困难自己解决不了"……其实，我们可以这样说，家长们之所以会说出这些话，是因为他们不相信女儿，同时也不相信自己，对自己的教育方法持很明显的怀疑态度。当然，我们还可以这样说，说这些话的大多数家长对女儿的教育都是非理性的。

所以，在此我们可以总结出这样一个衡量家长对女孩的教育是否理性的方法，那就是——让女儿离开你独自生活几天，你是否担心。如果你能很自信地说："没问题，我相信女儿！"那说明你对女儿的教育是理性的；但如果你对女儿的能力表示怀疑，虽然这说明了你是爱女儿的，但这种不科学的爱，证明了你对女儿的教育是非理性的。这种非理性的教育虽然有可能把女儿培养成气质不凡的公主,但她们的内心极度软弱,凡事都需要依赖别人。所以,就像前面事例中那个离了婚的女孩一样,她们的人生也不会很圆满。

那具体来讲,家长应该如何对女孩进行理性教育呢?答案很简单,在女孩7岁之前,家长必须使女孩具备这些能力:

能够简单地照顾自己,如洗自己的小手绢和小袜子等;

能够帮家长做一些简单的家务,如择菜、擦桌子等;

有一定的主见,例如能够很快地判断出自己是想吃饺子,还是想吃包子;

有一定的独立处理问题的能力,例如遇到了困难,能够做到不依赖父母,而是自己想办法解决;

……

当然,家长在对女孩进行理性教育的同时,也不能忽视对女孩的爱,只有把爱与理性相结合,我们的女孩才会健康、快乐地成长。

本节重点图示:从出生到7岁,女孩父母应当这样做

写在图画前面:女童一直在哭闹,爸爸妈妈站在她旁边,没有任何举动。

(×:忽视女孩的心理需求)

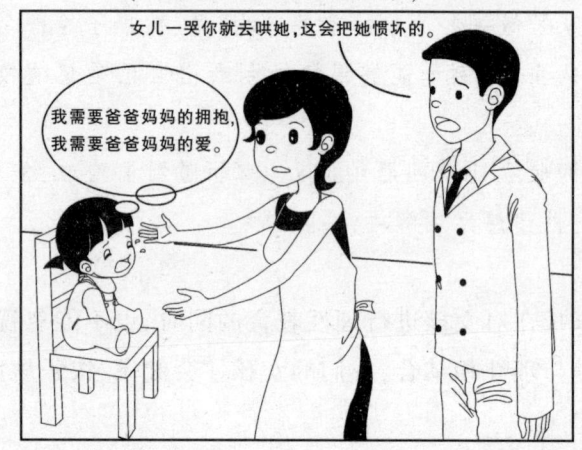

(√:满足女孩的心理需求)

当婴儿在母体内时,由于有羊水包围,婴儿会感觉很温暖、很安全,但出生后,婴儿可能很久都不适应离开母体之后的这个环境。这时女婴经常会哭闹,这是因为她渴望那种温暖和安全的环境,而父母的拥抱恰恰能够满足她的这种需求。所以,当女婴哭泣时,家长应该立即抱起她,让她感觉到足够的安全和温暖。

写在图画前面：女孩从幼儿园回来后，跟妈妈说："我讨厌幼儿园。"

(×:讲大道理)　　　　　　(√:引导女孩说出原因并安慰)

7岁之前，由于女孩的理性思维还没有形成，家长讲的那些大道理不但不会赢得她们的合作，还会使她们感觉很厌烦。当女孩说她讨厌幼儿园时，这往往是有一定原因的，例如，觉得幼儿园的环境很陌生，在幼儿园受到了老师的批评，或者被小伙伴欺负了等等。这时，家长只有找出真正的原因并安慰女孩，女孩才会与父母合作。

(×:夸大危险,强化女孩的胆怯心理)

写在图画前面：一天，5岁的女孩正在玩剪刀。

(√:引导女孩变得坚强)

7岁前，女孩身上会表现出很多女性天生的弱点，如胆怯、软弱、不坚强等。在这种情况下，如果家长还经常吓唬或恐吓女孩，那女孩这些弱点就会越来越明显。但如果家长引导她们玩一些男孩玩的游戏，并且在玩游戏的过程中有意识地培养她们坚强、勇敢等特征，那女孩就会越来越出色。

第1章　女孩的成长历程——全面了解你的女儿

不宠不娇养育女孩

写在图画前面：女孩不小心把手擦破了一点皮，她哭着来到爸爸身边，委屈地对爸爸说："爸爸，我的手好疼！"

（×：过度紧张，夸大疼痛）　　　　　（√：理性面对）

在大多数家长的心目中，女孩都是柔弱的，都是需要自己多加疼爱、多加保护的。因此，面对女孩的伤痛，父母往往会表现出过度的紧张和关心。殊不知，这恰恰会增加女孩的疼痛，并降低她对痛苦的承受能力。因此，为了提升女儿的"心理痛点"，父母不妨放松一下自己紧张的神经，引导女儿以一种正常的心态去看待不可避免的伤痛。

写在图画前面：爸爸和女儿一起看电视，女儿手拿遥控器不停地换台。

（×：缺乏耐心）　　　　　　　　（√：耐心地关爱女儿）

女孩是很注重关系的，在她3~7岁这个年龄段，因为父母不再像她小时候那样经常拥抱她了，她很害怕失去父母的爱，所以她经常会捕捉父母语言或行为中对自己不利的信息，来证明自己受到了伤害。因此，在这一阶段，为了使女孩的心理健康成长，父母一定要给予女孩足够耐心的关爱。

写在图画前面：妈妈和女儿一同在外面散步，妈妈很想利用这个机会培养女孩懂礼貌的好习惯。

(×：讲太多道理)　　　　　　(√：做女儿良好行为的榜样)

在 0~7 岁阶段，女孩的理性思维能力还没有发展起来，这时候家长所讲的大道理往往对她不会起到实质有效的作用。在这一阶段，女孩主要是通过观察和模仿来进行学习的。因此，父母培养女孩好习惯的最佳方法就是——用自己的行为去引导女孩，为女孩做出好的表率。

第1章　女孩的成长历程——全面了解你的女儿

二 8~12岁，培养女孩学习能力的最佳时期

8~12岁的女孩正处于人生的一个新起点。她们从梦幻般的世界走出来，开始去探索外面更新鲜的世界。这时她们的视野已经变得非常开阔，她们强烈地想要接触外面更精彩的世界。

她们试图更进一步地了解周围的世界；

她们能读、能写，面对很多的难题也能应付自如；

她们聪明机灵，能言善辩，已经不再相信父母的话都是对的，也开始对老师的答案表示怀疑；

……

女孩们的这些表现都在证明这样一个事实：从8岁开始，她们已经长大了，她们开始用一种全新的眼光看世界了。举个很简单的例子，大多数的女孩在7岁之前都是以家庭、以爸爸妈妈为中心，她们十分在乎爸爸妈妈是否爱她们。如果她们觉得爸爸妈妈不再爱自己了，她们会向自己的洋娃娃倾诉，通过与洋娃娃做游戏来化解自己内心的悲伤。但8岁之后女孩的世界要开阔得多，她们不再缠着爸爸妈妈陪她们玩，她们有自己的事情要做。例如，她们可能会喜欢上收藏各种各样的香水瓶子；也可能对某些乐器非常感兴趣；而且，这一阶段的女孩已经有了自己的交际圈，也许她们还会沉浸在与朋友交往的乐趣中……

除了眼界的开阔之外，细心的家长还会发现，在这一时期，女孩的学习能力突然增强：当同龄的男孩还在为争夺纸飞机而打闹时，女孩们已经在舞蹈教室里跳起了芭蕾舞；在同龄的男孩还在扮演奥特曼拯救地球时，女孩已经能够背诵上百首唐诗了……而且，在学校里，女孩的成绩也要远远领先于男孩。

为什么这一阶段的女孩会如此优秀呢?

研究表明,在 8~12 岁这个阶段,女孩不但身体比男孩发育得快,她们的大脑也要比男孩发育得快。在这一阶段,女孩大量的脑细胞都得到了更新,她们的神经元异常活跃,大脑皮层和边缘系统发育趋于成熟……不仅如此,她们大脑的血量比男孩多 15%,她们大脑中主管语言的神经中枢要比男孩大 1/3。正是由于大脑发育的这种优势,女孩对世界充满了探索欲望,对新鲜的知识和信息也充满了渴望。所以,也正是在这种意义上,我们说:

※8~12 岁,是女孩学习的最佳期,也是家长培养她们学习能力的最佳期。

国外的教育专家也在无意间发现了这样一条规律:**在 8~12 岁,女孩所学的才艺和技能,将会伴随她的一生。**

一位教育专家教一些 15 岁左右的女孩们学习弹钢琴,但他发现,这些女孩很快就分成了两"派":第一"派"女孩很聪明,往往示范一遍,她们就已经掌握了弹钢琴的技巧;而第二"派"的女孩只能用"笨"来形容,往往示范很多遍,她们也只是了解皮毛,或者是根本就没有乐感,怎么努力也弹不好钢琴。

同一年龄阶段,听同一个老师在讲课,为什么这两"派"女孩之间会存在这样大的差异呢?

教育专家通过仔细研究这些女孩的成长经历,最终找到了这个问题的答案。原来,那些很快就掌握了弹钢琴技巧的女孩在 8~12 岁之间曾学习过弹钢琴,而那些总也掌握不了技巧的女孩之前根本就未曾接触过钢琴。

正是由于这次教育经历,教育专家才得出了这样的结论:在 8~12 岁,女孩所学的才艺和技能将会伴随她的一生。为什么会这样呢?原因是这样的:由于脑细胞的更新,8~12 岁的女孩对新鲜事物充满了浓厚的兴趣。在这一阶段,她们接受和学习新鲜事物的速度都是非常快的。

就拿学习弹钢琴来说,在学习了一段时间的钢琴之后,由于某些原因,也许女孩会放弃弹钢琴,但女孩对音乐的那种敏感和理解将永远留在她的记忆里。所以,今后再学习弹钢琴时,女孩对音乐的优势很快就会被激发出来。如果女孩在8~12岁之间并没有接触过钢琴,即使今后她对弹钢琴非常感兴趣,但由于她并没有受到过音乐的熏陶,她很可能就会对音乐缺乏敏感和理解。所以,即使非常努力,她在弹钢琴方面也不会有太大的造诣。

当然,这也再次验证了这样一个事实:8~12岁,是家长培养女孩学习能力,以及女孩掌握技能的关键期。

然而,在生活中,大多数的家长常常会持有这样的观点:女孩子嘛,学那么多东西有什么用?在这种观念的影响下,我们常常会遇到以下几种场景:

当女孩对做手工非常感兴趣的时候,家长会不屑地对女儿说:"这东西没用,不要学!"

当女孩想学某种乐器时,家长常常会用"太浪费钱"来打发女孩;

女孩想报一个舞蹈班,但家长却常常用"你没耐性,还是别浪费时间了"来拒绝女孩;

……

在8~12岁这一阶段,由于女孩对新鲜事物充满了探索欲望,她们有很强烈的学习热情。是的,也许她们的这种学习热情是一时兴起,也许她们的这种学习热情并不能持久地保持下去,但家长们必须明白这样一个道理:如果你在这一阶段拒绝让女儿学习某些知识和技能,你不仅拒绝了女儿,而且还打击了她们的学习积极性。

8~12岁的女孩一旦没有了学习热情,她们很有可能就会回归过去。例如,她们会沉浸在与洋娃娃玩过家家的游戏中,她们还会重复地阅读那些已经读过上百遍的白雪公主故事……如果一直这样下去,就会有很严重的后果产生:女孩在知识和技能方面与同龄的孩子拉开距离,甚至丧失学习能力。

作为成人我们知道,一个丧失了学习能力,或者丧失了学习热情的女孩,她的人生基本上也就没有成功可言了。那么,在女孩8~12岁这一阶段,家长应该如何保持女孩的学习热情,如何培养女孩的学习能力呢?

在做到这一点之前,家长首先要了解女孩的学习优势有哪些。一般来说,在8~12岁这一阶段,女孩的学习优势主要表现在以下几个方面:

1. 对任何新鲜事物都充满了热情。

到了8岁左右,对于任何不理解的事物,女孩都急切地想弄明白,她们的大脑一刻也没有停止过转动。细心的父母会发现,女儿几乎每天都在自己的身边问这问那,例如"天上为什么有一个太阳","花儿怎么会凋落","一年为什么有四季"等。

这些在家长眼中都很正常的自然现象,女孩却总想问个明白。在这种情况下,很多家长开始产生了厌烦情绪:"整天跟个小问号似的问这问那,烦都被她烦死了!"当然,还有些家长不耐烦地这样回答女孩的这些问题:"事情本来就是这样的,你别再问了好不好?"

也许大多数的家长还没有意识到,其实我们的这些做法就是在打击女儿学习的积极性。非常注重关系的女孩,看到家长对自己的行为这样厌烦,她们也许就会停止问问题,甚至停止对世界的探索。当女孩对世界的探索活动结束了,这也就意味着女孩的学习热情消失了。所以,**为了不打击女孩的学习热情,家长不但不应该对女孩的那些问题感觉到厌烦,还应该激发她们的求知欲。**

一位家长这样分享他的育女经验:

一个秋天的黄昏,我和女儿在公园里散步。看着树叶一片片落下来,女儿问我:"爸爸,为什么这些树叶会落下来呀?"

"因为秋天到了,天气凉了,大树要保存足够的能量过冬。为了使自己不至于被冻死,它只好忍痛割爱,把这些耗费能量的树叶先扔掉了。"

听了我的解释,女儿若有所悟地点了点头。但我又反问了女儿一句:"你说为什么这些树叶是向下落,而不是向上落呢?"

女儿皱着眉头想了一会儿,还是摇着头问我:"爸爸,这是为什么呀?"

这时,我把一本早已经准备好的《十万个为什么》交到她手中,并

对她说:"它会告诉你。"

从那以后,女儿的问题仍然很多,但遇到问题时,她已经不再问我了,而是自己去《十万个为什么》中寻找答案。

有疑问才会有探索,有探索才会有学习的机会,所以上述事例中这位父亲的做法很科学,虽然他为女儿详细解答了问题,但他却没有让女儿满足现有的答案,而是继续给女儿制造疑问,让她的探索一直延续下去。这样,女孩的学习欲望永远也不会停止。

探索自然的奥秘,这是8~12岁女孩学习的一种重要方式。在这个时候,也许她们的很多问题家长也没有办法解答,遇到这种情况,家长们没有必要着急,像上述事例中的那位父亲一样,只要给女儿介绍一位好"老师"——《十万个为什么》,一切问题就都解决了。而且,家长这样做还有一个很大的好处,那就是及时让女儿感受到书籍的神奇,顺利地引导女儿爱上读书。

2. 在这一阶段,女孩处于记忆黄金期。

人的记忆能力与大脑中的海马趾有关。海马趾位于大脑中部的边缘系统中,是一种形状像海马的物质,它的主要功能之一就是存储人们的记忆。

在8~12岁这一阶段,与同龄的男孩相比,女孩大脑中海马趾的体积要大得多,海马趾中的血液量和神经通路也要比男孩多得多。所以,在这一阶段,女孩拥有更为强大的记忆能力。

人们常说,在小学阶段,女孩比男孩成绩好,女孩比男孩更聪明,其实这跟女孩良好的记忆力也有关系。我们都知道,小学阶段的知识比较简单,主要是一些需要记忆的知识,所以,女孩在小学阶段的好成绩主要归功于她们的记忆优势。因此,我们可以说,8~12岁,是女孩记忆的黄金期。

正是因为在这一阶段女孩存在这种记忆优势,在生活中,我们经常听家长们这样谈论自己的女儿:

"我家女儿能背100首古诗了。"

"我家女儿早把乘法口诀都背过了。"

……

教育专家指出,家长们的这些做法是很不科学的,因为家长的这一做法很容易就会把女孩的注意力导向自己所取得的成绩上。我们知道,到了中学阶段,由于知识难度的增加,很多知识并不是仅仅依赖记忆就能够掌握的。所以,我们的女孩在学习方面常常会遇到困难,她们的成绩常常会出现下滑现象。这样,小学阶段的优秀与中学阶段的落后就会形成巨大的反差,这容易使女孩受到很大的打击,从而使她们对学习丧失信心。

所以,在这一阶段,家长既要引导女孩看到自己记忆的优势,又要引导她们看到自己不善理性思维的劣势。当然,如果家长能够帮女孩找到弥补自己学习劣势的方法,则能促进女孩整体学习能力的提高。

除了具备很多学习优势之外,在8~12岁这一阶段,女孩还会表现出以下几种特点:

1. 常常会挣扎在"好"与"坏"之间。

到了8岁之后,大多数的女孩会感觉自己是个大姑娘了,她们时常会努力地表现自己,处处想赢得他人的赞赏;但有时她们又常常会违背父母的规则、挑战父母的耐性。因此,在这一阶段,女孩的行为会变化多端,并常常会挣扎在"好"与"坏"之间。

一位母亲这样评价自己9岁的女儿:

最近两年来,我觉得女儿忽然长大了,她会时常帮我收拾屋子、给我捶背,还常常会讲一些好玩的笑话逗我开心,她的这些行为令我很欣慰。

但有时她的一些行为也会令我很头痛。例如,她不小心弄坏了我的手表,但当我问她时,她会矢口否认;她会特别注重吃穿,有时还故意在同学面前摆阔……

是的,在这一阶段女孩的头脑中常常会有两种想法:一是,她们觉得自己已经长大了,想摆脱家长的束缚;二是,她们仍然希望父母能够像小时候那样照顾她们。这是两种自相矛盾的思想,受这两种不同思想的影响,女孩的行为常常在"好"与"坏"之间挣扎。

在这一时期,女孩常常会努力地为自己树立正面的形象,就像上述事例中那位妈妈所说的,她会帮家长做家务、体贴关心家长,以及做很多令大家赞赏的事。但有些时候,她们的头脑中也会出现很多"灰色地带":她们不清楚自己的行为是好还是坏,也不清楚什么是好什么是坏……例如,她们不愿承认自己的错误,喜欢在同学面前摆阔等。

我们可以这样说,8~12岁阶段的女孩就是一个矛盾体。但值得家长们注意的是,在这一时期,你对女儿的看法,往往决定着她们对自己的看法:

如果你总是把目光盯着女儿的缺点看,每当她犯了错误,你总会揪住不放,还常常拿这些错误来羞辱她,那她的缺点会越来越多,直到彻底变成一个只有缺点没有优点的孩子;

但如果你总是及时地赞赏女儿的优点,那女孩也会把目光放在自己的优点上面。一个相信自己有很多优点的女孩,永远也不会放弃父母对她的良好的期望。所以,在这种状态下,女孩很快就会形成正确的是非意识。这样,她头脑中的"灰色地带"就会自动消失了。

2. 人际关系会变得非常复杂。

在8~12岁这个阶段,女孩的人际关系会发生很大的变化,她们开始摆脱那种以父母为中心的人际关系,而开始注重与同龄孩子,尤其是与同龄女孩的交往。在这一时期,女孩们常常会因为拥有友谊而充满安全感。当然,在与朋友相处的过程中,她们身上的女性弱点也很明显地显露出来了。例如,当两个"最好的朋友"在一起时,她们不能容忍第三个女孩的介入,而"第三者"的介入很容易就会造成她们之间友谊的破裂。

这一阶段的女孩很注重友谊,但她们还并不懂得友谊的真谛,因为她们身边"最好的朋友"总是在不断变换之中。

一位母亲曾这样讲述了女儿的一段经历:

一天,女儿从外面哭着跑回家,经过我耐心的引导,女儿终于说出了她如此伤心的原因。原来,她最好的朋友露露又和别的女孩建立了新的友谊,这让她接受不了。我知道友谊对这一阶段女孩的重要性,所以我尽自己的最大努力安慰着女儿。

几天后,当我担心地问起女儿与露露之间的友谊时,女儿竟然毫不在乎地说:"我现在和小敏是最好的朋友。"但我发现没多久,女儿最好的朋友又换了,我真搞不明白,这一阶段女孩的人际关系怎么这样复杂呢!

其实,如果家长了解了这一阶段女孩的交友心理,就不会觉得她们的人际关系复杂了。8~12岁这一阶段的女孩虽然对外面的世界充满了探索欲望,但她们的内心是孤独的,她们渴望能与同龄的女孩一起去探索。因此友谊的获得能够赶走她们内心的孤独感,让她们感到安全。但这一阶段女孩对友谊的理解又是狭隘的,她们不希望自己"最好的朋友"的友谊被他人分享。因此,当"第三者"出现时,她们会产生嫉妒和怨恨之情,这很容易造成她们与好朋友之间友谊的破裂。

在这一阶段,很多家长会对女儿很担心:"如果女儿总是生活在嫉妒和怨恨之中,这会不会对她产生不利的影响?"

事实上,好朋友的"背叛"会令这一阶段的女孩十分伤心,但她们还会继续去寻找新的友谊,就像上述事例中的女孩那样,当她找到新的友谊时,就会把之前的怨恨全部忘掉。而且随着年龄的增长,女孩会对友谊有全新的一种理解,极少有女孩会把对某人的怨恨情绪带出童年。所以,家长没有必要对这一阶段女孩的友情忧伤太过担心。

当然,在女孩与好朋友交往的过程中,她也需要家长一定的帮助。例如,当女孩因为友谊破裂而伤心时,她需要家长的安慰;当女孩还没有找到"最好的朋友"时,她需要家长的鼓励……但家长不可以过多地介入到女儿与好朋友的交往中去。例如,对女儿的好朋友不友好、对女儿的好朋友妄加评论……这些都不利于女孩友谊的发展,而且有时还会引起她们的反感。所以,面对这一阶段女孩的交友情况,家长最科学的态度就是顺其自然。

3. 在这一阶段,家长应该及时培养女孩防范"性骚扰"的意识。

8~12岁的许多女孩开始对男孩、对自己的身体,以及对"生命的真相"感兴趣。她们已经有了明确的性别意识,但在很多时候,她们并没有自我保护的意识。

这一阶段的女孩都非常单纯、善良,也正因如此,她们常常会成为犯罪分子眼中的"羔羊"。心理学家表示,在 8~12 岁女孩的眼中,世界是非常美好的,如果在这一阶段,女孩遇到了"性骚扰"或"性侵犯",这会给女孩稚嫩的心灵留下永远都无法抹去的阴影。因此,家长必须及时向女孩灌输正确的自我保护意识。

一位家长是这样分享他的育女经验的:

当女儿 8 岁时,我就开始对她进行自我保护的教育。当然,我对她的教育常常是以提问和回答的方式,在家庭会议中进行的。

在我们的家庭会议中,有一个很重要的环节,那就是专门为女儿设置的"如何进行自我保护"大讨论。在这个环节中,我经常为女儿假设很多情况,让她来寻找解决的办法。例如:

"如果有一个陌生的男孩想约你去他家玩,你会怎么办?"

"如果一位叔叔让你坐在他的膝盖上,不肯放你下来,你会怎么办?"

"如果有人想脱掉你的衣服,你会怎么办?"

……

在每次的讨论中,针对这些问题,虽然我们会讨论出不同的解决办法,但这些办法无非就是告诉了女儿对待"性骚扰"的三种方法:说"不"、逃跑、告诉大人。

在复杂的现代社会,每位做家长的都应该向女儿灌输自我保护的意识。上述事例中这位家长的做法就非常科学,他把"女儿的自我保护能力培养"作为家庭会议的一个重要方面,这就提高了女儿对自我保护的重视。另外,很多犯罪分子常常从女孩的善良和无知入手,对她们进行"性骚扰"和"性侵犯",但这位家长却通过假设的方式,明确地告诉了女儿,这些行为都是对她不利的。当然,在这一过程中,他还把正确的解决方法告诉了女儿:说"不"、逃跑、告诉大人。这样,即使女孩真的会遇到这些假设的情况,她也会用正确的方式保护自己。

当然,家长还可以通过约束的方式来避免女孩受到伤害。例如,家长可以给女孩立下这样的"规矩":

不要跟陌生人走;

放学后尽快回家,如有特殊情况,要打电话告诉家长;

在学校,要和同学一起上厕所;

即使是好朋友让你脱衣服,你也不能脱;

……

通过前面的讲述我们知道,8~12岁,是女孩学习的最佳时期。那么,家长应该如何利用女孩的这一优势,来提高她们的学习技能,以及培养她们的学习能力呢?家长们不妨借鉴以下几种方法。

方法一:遵循女孩内心的意愿

在女孩7岁前,家长们都在为女孩所表现出来的那些女性特征而感到惊讶:干净整洁、感情细腻、体贴他人……但当女孩到了8~12岁,家长就会发现女孩忽然就像变了一个人一样,有时,她们甚至敢一个人走夜路;有时,她们也会像男孩那样爬树……

也许很多家长会很迷茫:"为什么随着年龄的增长,女儿的女性特征却在减弱呢?"

其实,女孩的这些行为并不能说明她们的女性特征正在减弱。在8~12岁这一阶段,女孩把自己的大部分精力用在探索外面的世界上,她们的那些大胆以及冒险行为,是她们探索欲望以及学习活力的体现。

在这一阶段,女孩们都会做一些与自己性格相符的活动。例如,一些女孩喜欢运动,她们就会常常去体育比赛中发挥自己的特长;一些女孩善于交际,她们常常会组织一群小伙伴参加某种集体活动;有些女孩喜欢艺术,她们开始转向艺术的殿堂追求成功……

但大多数家长好像对这一阶段女孩的行为并不理解,他们常常会阻止女孩的某些行为,因为他们觉得女儿的行为有些太男性化、太离谱。于是,他们常常会有意地提示女孩要做一个淑女,他们常常把女孩

那些不符合实际的想法都"一棒打死"。

我就曾亲眼目睹过这样的教育场景：

一个8岁的小女孩在电视上看完西班牙的斗牛表演之后，非常兴奋地对爸爸说："爸爸，那个斗牛师好威风呀！我长大后也要做一名出色的斗牛师。"

听女儿这样说，爸爸立刻嘲笑女儿说："女孩子家，想做斗牛师，这简直太可笑了！"接着，他又严肃地对女儿说："好了，别开玩笑了，把钢琴学好才是正事！"

爸爸的态度令女孩很不高兴，虽然她并没有当面反驳爸爸，但每次练琴时，她都会带着很强的反抗情绪。

在8~12岁这个阶段，女孩有时也会思考自己的未来，未来将要从事什么样的职业，未来会成为一个什么样的人……她们也会时常跟父母谈起自己的这些想法。但并不是她们的所有想法都会得到父母的赞同，就像上述事例中所讲的那样，绝大多数的家长听到女儿想要做那些与传统女性身份不符的工作时，都会持否定的态度。但在这种情况下，家长们也应该思考这样一个问题：这是女儿内心的声音吗？

就拿上述事例中的那个小女孩来说，她是真的想做斗牛师吗？的确，这是她内心的声音，但是，正像她自己所说的那样，她是因为羡慕斗牛师的威风，才想让自己也成为斗牛师的。在这一刻，她仅仅看到了斗牛师威风的一面，并没有看到这个职业充满危险性的一面，所以，这是她在看问题不全面的情况下发出的声音。

由于看问题并不全面，或者是一时兴起，8~12岁的女孩们所说的话常常令家长很担心，但家长们那种直接否定的态度也会令女孩们很反感。我们都知道，女孩非常注重人与人之间的关系，虽然她不会直接向爸爸表明自己的反感情绪，但她会通过其他方式表现出来，例如，不好好练琴等。所以，家长这种直接否定的态度对女孩的心理和行为都会造成一定的负面影响。

另外，在这种情况下，家长否定女孩的想法，就等于否定她们的探索欲望、学习热情,这对女孩的学习积极性也会有很大的影响。

那在女孩8~12岁这一阶段,家长应该如何正确纠正女孩这种不切实际的想法呢?

关于这一点,我的建议是这样的:

※不管女孩的想法是否符合现实,你都应该先肯定她们的想法,然后再给她们相应的引导。

一位家长是这样做的:

女孩在9岁那年告诉爸爸,她将来要做一个赛马选手,爸爸听后高兴地对女儿说:"好样的,女儿,你真勇敢,爸爸支持你!你去网上查查,成为赛马选手都需要具备哪些能力,然后去努力就可以了!"

当女孩得知要想成为赛马选手,必须在身高和体力方面有一定的优势,而自己却属于那种娇小、柔弱型的女孩时,她终于明白了自己根本不可能成为赛马选手,所以她很快就忘记了这种荒谬的想法。

后来,女孩又想过做运动员、面包师、理发师……不管她的想法多么平庸,或者多么不符合现实,她的爸爸从来就没有否定过她,而是不断地鼓励她:"只要你朝着这个目标去努力,你的愿望就可以实现。"

随着年龄的增长,女孩的想法一直在变,但有一点一直都没有变,那就是她一直在努力。当然,这要归功于父亲对她的支持和鼓励。

在8~12岁这个年龄段,由于女孩的探索欲望非常强烈,她们的内心常常会出现很多声音,虽然有时她们的想法有些不切实际,甚至有些还非常荒谬,但如果家长对她们稍加引导,女孩很快就会意识到自己想法的局限性。而且,如果家长们都像上述事例中的那位家长一样,不是去打击女儿的想法,而是去鼓励她们,那女孩肯定会充满探索和努力的激情。

从另一个角度来讲,如果家长一直对女孩的想法持鼓励的态度,这不仅可以激发她们的努力欲望和学习热情,还能帮助她们找到适合自己的兴趣和爱好。例如,有些女孩喜欢运动,如果家长对女孩的这种

兴趣加以引导,她很有可能成为一名出色的运动员。

人们都说女孩应该"宠"着养,所以,当女孩表达自己内心的愿望时,家长不妨多"宠"她一回,遵循她内心的想法,帮她去寻找真正的爱好。例如:

当女孩对星星表现出很大的兴趣时,家长可以带她去参观天文馆,或送她一个望远镜;

当女孩对阅读表现出兴趣时,家长可以帮她选几本有意思的书籍,或者告诉她一些实用的阅读方法;

当女孩对画画很感兴趣时,家长不妨送她一些绘画工具,引导她把所看到的美好事物都画出来。

❷ 方法二:在日常生活中融入数学

在小学阶段,由于女孩在学习热情以及记忆力方面都具有很大的优势,所以,她们的学习成绩一般都遥遥领先。但随着年龄的增长,大约到了小学高年级,女孩的学习劣势也就很明显地表现出来了:她们非常不擅长逻辑思维,所以,数学这一学科常常会令她们恐惧。

那有什么办法可以弥补女孩的这种学习劣势呢?

事实上,在解决这个问题之前,家长们必须改变一个固有观点:"女孩天生就不擅长数学","女孩学不好数学是很正常的"……

其实,家长们的这些观点是不科学的。是的,由于大脑结构的差异,大多数男孩的右脑都比较发达,他们的逻辑思维能力很强,所以,他们比女孩更擅长学习数学。但教育学家经过研究发现,家长的教育在一定程度上也会对孩子的大脑结构产生一定的影响。换句话说就是,如果家长经常有意识地锻炼女孩的逻辑思维能力,她们的右脑也会发达起来,这表现在大脑结构上就是,女孩右脑的体积会有一定程度的增加。

那么,家长应该如何锻炼女孩的逻辑思维能力呢?

教育学家通过对男孩的逻辑思维进行研究,得出了这样一个结论:将数学融入女孩的生活中。对此,教育学家给出的解释是,大多数男孩的逻辑思维能力之所以会远远地超过女孩,是因为他们在生活中每时每刻都锻炼着自己的逻辑思维。例如,大多数的男孩喜欢算账,他们跟家长一起外出买东西,往往商家还没有算出价钱,他们在心中早已把价钱算出来了;他们喜欢玩那些数字游戏,即使是不睡觉,他们也要把那些数字游戏玩完……不管是有意还是无意,在这些过程中,男孩的逻辑思维能力都得到了一定的锻炼。

其实,家长完全可以把男孩们的这种锻炼逻辑思维的方法,借鉴到女孩的家庭教育中,在女孩的生活中也融入数学,让她们不断体验到学习数学的乐趣。

那么,具体来讲,家长应该如何把数学融入女孩的生活中呢?

在这个时候,也许家长们首先想到的是,让女孩跟着自己去买菜、去超市买东西等,让她们来算价钱。在这里,我需要提醒家长们的是,我们的女儿本来就不擅长数学,也可以说,她们本来就对数学抱有一种恐惧心理。如果家长在买东西时让女儿来计算价钱,这就等于在公众场合考验女儿的数学能力,这不仅不利于女儿逻辑思维能力的培养,而且还会增强她们对数学的恐惧及厌烦心理。

当然,这个方法并不是不可以用,但要在女孩具备了一定数学运算能力,以及有一定自信心的情况下才可以用。因此,家长首先应该做的就是增强女儿对数学的信心。

一位家长这样分享经验:

女儿9岁那年,她忽然迷上了做饭。由于我和她爸都是上班族,所以,每天中午放学后,女儿都乐此不疲地回家自己做饭。

一直以来,女儿的数学成绩总是不理想,所以,我便开始利用做饭来锻炼她的计算能力。几乎每天晚上,我都会问女儿这样一个问题:"今天的中午饭你花了多少钱?"每当这时,女儿都会不厌其烦地一点点给我讲:"菜,×元;面条,×元;油盐酱醋,还有燃气,算×元吧;一共是××元。"

有一次,我问女儿:"如果妈妈跟你一起在家里吃饭,还是吃同样的东西,你说我们俩会花多少钱呀?"

女儿一边想,一边自言自语说:"如果妈妈也在家吃,菜要加倍,面条也要加倍,还有……"这时,我引导女儿说:"不用这样麻烦,你想一想有没有更加简便的计算方法?"

女儿想了一会儿,突然兴奋地大声喊道:"我只要把最后的那个结果翻倍就可以了。"

现在,因为这种有意识的锻炼,女儿的数学成绩总是远远高于其他的女孩。

由这位母亲的讲述,我们可以总结出提高女孩数学自信心的两个方法:**一是让女孩品尝到学习数学的乐趣;二是让女孩掌握学习数学的科学方法。**

其实,不仅仅是女孩,也不仅仅是针对数学这一学科,任何孩子学习任何知识都是这样的,只有品尝到学习的乐趣之后,孩子才有可能对这些知识产生兴趣,才会产生强烈的学习欲望。上述事例中这位家长的做法非常科学,她从女儿感兴趣的事情入手,培养女儿的计算能力。计算每顿饭花多少钱,这对于9岁的女孩来说并不是很容易的题目,但由于这个女孩对此感兴趣,所以她会耐心地去计算。当她通过自己的能力,精确地算出自己每顿饭花多少钱时,这对她来说是很大的鼓励。当然,她也会由此而品尝到学习数学的乐趣。在这一过程中,我们谁也不能否认,这对女孩的逻辑思维能力来说,是一种非常有益的锻炼。

仅仅对数学产生兴趣还是不够的,要提高女孩的数学能力,还要让她掌握最科学的学习方法。在这个事例中,也许这个小女孩还没有学习过乘法,但家长的做法却使女孩提前体会到了乘法的简便。从另一种意义上来说,这就等于女孩自己探索出了一条数学规律。其实,数学中的规律有很多,对于这些正在成长中的小女孩来说,每一条简单的规律都会带给她们一种豁然开朗的感觉,都会极大地激发她们继续学习数学的热情,提高她们学习数学的自信心。

这两个步骤看似很复杂,其实运用起来非常简单。如果家长能够运用这两个步骤去锻炼女儿的逻辑思维能力,就一定可以推翻"女孩不擅长学习数学"的说法。

方法三：用艺术来滋养女孩

随着童年中期的到来，此时的女孩多了很多莫名的情绪和感情，她们的小脑袋里总会浮现出很多复杂的想法，对周围人以及事物也有了全新的理解……

此时，她们开始探索生命的真谛和大自然的奥秘，她们的内心常常会有很多的困惑和疑问：

我是谁？

我从哪里来？

我将到哪里去？

……

带着种种的疑惑，女孩陷入了沉思，她们经常会对着天空发呆，天马行空地想象着世界和自己的未来，以及自己与这个世界的联系。她们的感情突然变得非常丰富、细腻，而且纷杂，她们对很多事物都充满了无限的探索和想象。如，她们想弄明白大人们做某件事背后的动机；她们想知道在自己和妹妹之间，父母更喜欢谁……

一时间，许许多多莫名其妙的情愫积聚在女孩心中，让她感到焦躁、烦闷、不安，她们会用大哭大叫来表达心里的不平衡，用生气、愤怒表示对不公平待遇的反抗……

在8~12岁这个年龄段，女孩正处在快乐探索、充满活力的阶段，为什么她们会产生这些复杂的情绪呢？在某种意义上我们可以这样说，这些莫名其妙的情绪是由于她们强烈的探索欲望而引起的。在很多时候，并不是所有的问题女孩都能得出答案，并不是所有问题的答案女孩都满意……所以，这些有益或无益的探索使女孩产生了这些复杂的情绪。

这些复杂的情绪让女孩感觉到焦躁、烦乱，她们想把它们梳理好，但却往往不知道如何下手；家长也想帮助女儿，但他们的方法常常会没有效果。对此，教育专家给女孩家长们的建议是：把女孩这种莫名其妙的情绪转移到艺术中去。例如，让女孩学学音乐、绘画、舞蹈等，让她们在艺术中抒发自己的情绪。

例如，一位家长是这样总结自己的育女经验的：

我的女儿10岁了，我发现她最近很古怪，总是一个人对着窗外发呆。一次，她看见飘落的树叶，跑过来问我："妈妈，叶子落下来就会腐烂是吗？我是不是也像叶子一样，有一天也会凋落呀？"

我不知道女儿这是怎么了，但我意识到，女儿长大了，她开始思考一些深刻的问题了。但她的情绪好像有些悲观，如果任凭她这种悲观的情绪发展下去，这对她的心理发展是十分不利的。因此，我有意识地让女儿去学习画画，有意识地让她去发现生活的美好……

学会画画后，女儿画了很多幅表现生活美好的画。如，我们全家人在一起和睦相处的场景，她和好朋友们在一起游戏的场景……渐渐地，我发现女儿的那些悲观情绪不见了。

艺术的伟大就在于它能够引导人思考，进而逐渐改变一个人对事物、对生活的态度。作为女孩的家长，我们都应该向上述事例中的那位家长学习。大多数的女孩本来就容易多愁善感，在她们那些莫名其妙情绪的影响下，她们很容易会走向悲观。所以，家长可以用艺术引导女孩去发现生活的美好，就像上述事例中所讲的那样，家长多引导女孩去画生活中的那些美好场景，女孩的内心也会变得美好起来。

除了转移女孩的不良情绪和延续女孩对外部世界的探索之外，家长有意识地引导8~12岁的女孩学习艺术，还有一个很重要的好处，那就是可以促进她们的身体健康，以及各种能力的提高。

在8~12岁这一阶段，女孩身体的发展任务以发展心脏和肺的功能为主。**在这一阶段，家长引导她们去唱歌和跳舞，不仅可以使她们把空气顺利地吸入肺中，而且还可以丰富她们的情感世界，增强她们对生活的预见能力、好奇感。**

本节重点图示:8~12岁,女孩家长应当这样做

写在图画前面:秋天的一个傍晚,女孩和爸爸一起在公园里散步。看到树上的叶子落下来,女孩问爸爸:"爸爸,这些叶子为什么会落下来呀?"

(×:扼杀女孩的学习热情)　　　(√:引导女孩更多的学习热情)

8~12岁的女孩对世界充满了探索的欲望,她们总会向父母问一些很简单的自然现象。在这一时期,如果家长对她们的问题表现得不屑一顾或不耐烦,女孩的探索欲望和学习热情就会受到打击而消退;如果家长能够耐心地回答女孩的这些问题,或及时地向她们推荐相关书籍,女孩的探索欲望就会持续下去,而且学习热情也会被最大程度地激发出来。

写在图画前面:女孩洗碗时不小心把碗打碎了,但她却对妈妈说:"这不是我的错。"

(×:对女孩做出"坏"的评价)　　　(√:理解女孩的行为)

8~12岁的女孩常常会挣扎在"好"与"坏"之间。在这种情况下,家长的理解可以把女孩很多"好"的行为都激发出来;而家长的指责和批评只会使女孩向"坏"的方向发展。

写在图画前面：9岁的女孩对画画很感兴趣，但家长却希望女孩去上奥数班，以提高她的数学成绩。

(×：违背女孩的个人意愿)　　　　(√：遵从女孩的个人意愿)

8~12岁的女孩对于很多问题都开始有了自己的看法，在这一阶段，家长不应该再强迫她去做任何事情。如果家长遵循女孩的想法，不仅可以延续她的学习热情和探索欲望，而且还可以帮她找到真正的兴趣和爱好。

写在图画前面：小学三年级的女孩考了很好的成绩，放学回到家后，她迫不及待地把这个好消息告诉了爸爸。

(×：忽视女孩的进步)　　　　(√：和女孩一同分享成功的喜悦)

在8~12岁这个阶段，女孩不再像小时候那样信赖母亲，她们开始对生命中的第一个异性——父亲感兴趣。在这一时期，如果父亲眼中的女孩是优秀的，那女孩就会越来越优秀；如果父亲总是对女儿漠不关心，或总是责备、批评女孩，她们则很容易变得自卑或逆反。

写在图画前面：10岁的女孩在学校不再和她的好朋友玩了，当妈妈问起这件事，女孩伤心地说："我不想和她玩了，因为她讲我的坏话。"

8~12岁的女孩是很重视朋友的，虽然她身边的朋友总是处于不断变换之中，但如果她感觉自己的好朋友"背叛"了自己，她会很伤心，而且不知道该怎么办。在这种情况下，她需要家长的倾听和理解。

三 13~16岁,协助青春期女孩度过人生迷茫期

13~16岁的女孩看起来像个大姑娘了,无论是从体态相貌上,还是在言谈举止间,她们都已透露出了成熟女孩的信息。也正是在这一时期,她们的思维、心理及身体结构都发生了巨大的变化。然而,大多数的青春期女孩好像并不能在短时间内适应这些变化。

一个正处于青春期的女孩在日记里这样记述着自己的迷茫和困惑:

我生病了吗?我的身体怎么会突然变成那样……我感觉自己很矛盾、很压抑、很想自由地释放自己,却又找不到一个合适的出口……身边没有一个人能理解我,父母的爱也似乎距离我越来越遥远了。

的确,随着青春期的到来,女孩的身体在悄然地变化着——胸部开始隆起、隐私部位长出体毛、出现月经周期……这一切都表明女孩的身体在日趋成熟,但与此同时,女孩的心理发育却并没有跟上身体的发育。对此,心理学家明确地表示:**女孩在进入青春期时,其身体的发育程度远远快于其心理的发育程度。**

其实,细心的家长都会发现,在青春期,有很多这样的女孩:她们还一直沉浸在小女孩的状态中,她们渴望父母能像小时候那样关心她们、照顾她们。但现实的情况却是:女孩身体和心理的发育,让父母已不再把她们当成一个小孩子,而是当做一个大姑娘来看待。尤其是爸爸,女儿身体的发育,使爸爸不好意思再像她们小时候那样拥抱她们、亲吻她们;妈妈也会像对待大人一样来对待女儿。父母对青春期女孩态度的忽然变化,常常会使她们产生这样的心理:爸爸妈妈不像以前那样爱我了!我是不是做错了什么?如何才能再次得到爸爸妈妈的爱呢?

另外，面对自己身体的突然变化，再加之心理上没有做好充足的准备，女孩们往往一时间不能接受崭新的自我。在这种情况下，很多问题也就随之产生了：

因为胸部的隆起，她们总是含着胸走路，生怕别人会发现她们的这一变化；

生理周期让她们感到害羞、难堪，又不知所措；

不知从什么时候开始，她们会很在意某个男孩，她们希望和他偶遇，与他说话时脸会红、心跳也会加速……她们喜欢这种感觉但又觉得很可耻，像做了贼似的；

……

以上的种种迹象都表明，我们的女孩已经进入了她们成长的关键时期——青春期。

对于每一位家长来说，教育好青春期的孩子都不是易事。对于女孩的家长来说更是如此，因为青春期女孩的心理最容易出现问题：

有时，她们会莫名其妙地感到压抑、迷茫、困惑，但又不知如何表达自己；

有时，她们会觉得自己的想法很荒唐、行为让人不能接受，但她们又不知道如何才好；

有时，她们觉得所有的人都不喜欢、不理解自己，甚至会觉得自己像是一个被全世界都遗弃的人；

……

这些莫名其妙的感觉在困扰着女孩，使她们常常会陷入迷茫、困惑的状态，因此，她们常常会被一种矛盾、复杂、压抑的情绪所包围。如果女孩的这一情绪没有得到良好的疏通，有可能转变成叛逆心理。在叛逆心理的影响下，女孩常常会做出一些过激的行为，例如，早恋、早孕、偷盗等。

因此，一个非常值得重视的问题就摆在了女孩家长的面前，那就是：

※在青春期，我们的女儿正在经历她人生的第一个迷茫期。

那么，作为家长，我们怎样做才能帮助女孩安全度过这个迷茫时期呢？

对此，心理学家给出了一种很有效的建议：**用理解和关爱，陪女孩一起度过这一迷茫时期**。而按照这一方法去做的女孩家长，都顺利地陪女孩完成了从少女向成熟女性的转变。

一位家长这样分享她与青春期女儿相处的经验：

别的家长都说青春期的女孩情绪无常、爱发脾气，当然，我也有这样的感受，但我知道用什么方法可以让她尽快恢复平静。

一天放学后，女儿阴着脸回家了，看到我做的饭，她一脸不高兴地说："又是白菜，你知道我最不爱吃白菜了！"

看到女儿莫名其妙地发脾气，我没有批评她，也没有给她讲道理，而是很关心地问她："看起来你不高兴，是不是在学校遇到什么不开心的事情了？"

听我这么一说，女儿的话匣子打开了："今天因为我犯了一个小错误，老师就把我批评了一大通，我恨死他了！"

"被老师批评，你一定感到很难堪、很没面子吧？"

"当然了，超级没面子，我真想找一个地缝钻进去！"

当我们的谈话进行到这里时，女儿吃了一口我炒的白菜。然后，她做了一个很夸张的表情，并且用很夸张的语调对我说："妈妈，你今天做的白菜好像很好吃呀！"

的确，青春期女孩是敏感的，她们的情绪是极易变化的。但在她们自己看来，她们的这种情绪变化都是有原因的，都是正当的。就拿上述事例中的女孩来说，在学校受到了老师的批评，她心情不好、发脾气都是正常的。但她并没有意识到，她的这种不好的情绪已经影响到了家人。

在这种情况下，家长对待她们的态度，往往决定着她们情绪的变化。在上述事例中，面对女儿莫名其妙的脾气，如果妈妈这样批评她："我辛辛苦苦给你做好饭，你不但不感激，还挑三拣四，胡乱发脾气，简直是太不讲道理了。"那女孩的负面情绪肯定会越来越强烈,她们很可能产生这样一种感觉:在学校挨批评,回到家后还挨批评,全世界根本就没有一个人能理解我!

面对女儿莫名其妙的坏脾气,上面事例中的那位妈妈并没有批评女儿,而是用理解、关爱的态度去引导她。当然,在得到妈妈的理解和关爱之后,女儿的心情变得好多了,她甚至连平时最不爱吃的白菜都觉得可口多了。

这就是理解和关爱的力量。青春期的女孩正处于迷茫和困惑的状态,有时她们自己甚至都搞不清楚自己的怪脾气,但有一点是可以肯定的:如果遭到太多的否定和批评,她们的情绪就会变得越来越糟糕。所以,家长让青春期女孩保持好心情的绝妙方法就是:用自己的理解和关爱,去淡化她们的坏脾气。

由此我们也可以总结出这样一个结论:**不管青春期女孩的世界是晴空万里,还是乌云密布,家长都应该用自己的最大耐心去聆听她们的心声、去理解她们的感受**,以协助她们度过这个人生的迷茫期。

当然,在家长帮助女孩之前,首先要了解青春期女孩的特点。一般来讲,女孩进入青春期,都会表现出以下几个明显的特点:

1. 迷恋某个人。

当女孩到了十几岁,她们开始有迷恋的对象了。这些早期迷恋的对象可能是与她的生活有直接关系的人,如老师、父母的朋友;也可能是有一定距离的人物,像乐坛明星或影视偶像。他们会带给女孩一种全新的感觉,一种新的体验生活的契机。他们的语言和行为,更会在女孩内心留下清晰可见的印记。虽然女孩的这种感觉是美好的,但在很多情况下,她们的这种迷恋往往是不理智的。

一位女孩的母亲讲述了自己女儿的这样一段经历:

菲菲14岁时,迷上了哥哥的朋友,一个大三的学生。她很喜欢哥哥带这个朋友来家里玩,因为他会讲一些学校里新鲜离奇的事情给她听。这让菲菲大开眼界,也非常感兴趣。

后来我发现,每次他来过后,菲菲都会神采奕奕地给我重复他讲的故事。但是,我听说他酗酒、吸烟、邋遢、狡猾……当然,菲菲根本看不到这些,她完全被他迷住了。我知道这时候批评她也无济于事,我只是尽力地避免菲菲与他见面,用其他的事情吸引她的注意,并耐心地等待,相信她会摆脱这种迷恋。

一天,菲菲在商场附近看见他烂醉如泥地拥着一个女孩……回家后菲菲大哭了一场,之后几天总是一个人待在房间里。

很多处于青春期的女孩都有过相似的经历,她们会被某个人深深地吸引,并渴望与其交流和见面。当然也有一些内向、腼腆的女孩会偷偷地在心里暗恋某人,而且一旦与其碰面会表现出不好意思,如羞怯、脸红等。对于处在青春期初期的女孩来说,这些现象都很正常,迷恋行为可以满足她们对完美和圆满的渴望。

当然,有时女孩对迷恋对象的狂热也会令人担忧,如果她的感情被人误解、被人利用,或者没有得到回报,父母都会担心女儿受到欺骗和伤害。在这些情况下,很多家长开始给女孩讲道理,或者是强行约束女儿的行为,以结束她们的那种不理智的迷恋。然而,家长们的这些做法是不妥的,因为这一阶段的女孩一旦迷恋上某个人,就会深陷其中,她们根本不会去理会家长的大道理和约束。相反,如果家长对女孩的约束太过严厉,反而会激发出女孩更多的不理智行为。

所以,在这种情况下,只有家长理性的关爱,以及一个行之有效的方法,才可能把我们的女儿从情感的误区中拉出来。

那么,具体来讲,家长应该如何帮助那些陷入迷恋的女孩呢?

首先,家长应该尊重女孩的秘密,并及时与她们沟通。在与女孩沟通的过程中,家长必须告诉女儿,她的这种迷恋行为是很正常的,以消除埋藏在女孩内心深处的那种罪恶感。其次,家长应该让女孩认识到,她的迷恋行为是很不理智的。当然,家长可以和女儿一起讨论她迷恋的那个人,或者给女儿讲述一下自己在青春期的迷恋行为以及正确的做法。这都会促使女孩快些觉悟,快些走出迷恋。

2. 盲目地追求"时尚"和"潮流"。

细心的家长会发现,到了青春期,女孩除了格外注重自己的外表之外,还常常会为了追求"时尚"和"潮流"而不断改变自己的造型。

一位母亲曾这样评价自己的女儿:

都说青春期的女孩爱美,但我家女儿的爱美程度也太离谱了。只要有时间,她就会不停地在镜子面前照来照去。

更让我不能接受的是她的审美观,她竟然把头发染成了酒红色,就像一只火鸡一样。而且,每天出门的时候,她还要画一个"烟熏妆"。就是因为这些事情,我们母女俩真没少吵架。

的确,如果母女俩在审美观上存在如此大的差异,很容易激发母女之间的矛盾。当然,在这一问题上,大多数的家长会持有这样的观点:女儿之所以会染头发、化"烟熏妆"等,是她们盲目追求"时尚"和"潮流"的表现。如果我们任凭女儿这种盲从的行为继续发展下去,她们很容易迷失自己。

从表面看,家长的这种观点是有一定道理的,但家长们只看到了女孩行为的表层现象,却并没有发现她们这些盲从行为背后的根本原因。其实,女孩的这种盲从行为是有深层原因的——这些个性的造型,这些盲从行为,是她们融入某个团体的一种手段。

在青春期,每个女孩都希望自己归属于某个团体,并在这个团体中找到自己的位置,这也是女孩想要与这个世界建立联系的一个重要表现。因此,当团体中的大部分成员都在染红头发、化"烟熏妆"时,女孩就会用大多数人的标准来衡量自己,以促使团体成员接受并信任自己。可以说,女孩的这种盲从行为是确立自身位置的一个重要手段。

当然,作为成人我们知道,如果女孩的这种从众心理太强,不仅不利于女孩个性的发展和彰显,而且还会使女孩沾染上很多不好的习惯。但我们还知道,如果家长对女孩的这种盲从行为采取批评或强行改变的态度,这不仅会促使女孩更加叛逆,而且还会使亲子之间产生更为激烈的矛盾。

那么,家长应该如何对待青春期女孩的这种盲从行为呢?

一位母亲是这样做的：

最近一段时间,那些20岁左右的女孩们都开始留那种齐齐的、把眉毛和额头都遮住的头发帘。这种发型很时尚,但我觉得它并不适合我家女儿,因为我家女儿的脸比较小,如果再留这样一种头发帘,就显得脸更加小了。当然,还有很重要的一点,这种头发帘稍微长一点就会把眼睛遮住,这对她的视力也会有一定的影响。

我把这些道理跟女儿讲了很多遍,但她就是听不进去。没过太长的时间,女儿就因为这种发型而患上了眼疾。于是,我趁热打铁地跟女儿说道:"这种发型是很时尚,但它并不适合每一个人。不如这样,你让理发师帮你设计这样一种头发帘,也是齐齐的,但不是横着齐,而是斜着齐,这样既不失时尚,而且还是一种创新,说不定还能引领新一轮的时尚呢!"

听我说完这些,女儿愉快地采纳了我的意见。

很多家长常常这样评价青春期的女孩:她们是"不撞南墙不死心",只有"撞"得头破血流,她们才知道自己错了。所以,当青春期的女孩想要坚持某些盲从行为时,家长跟她们讲道理几乎是不起作用的。而且,在青春期这一阶段,对于造型问题,她们并不知道自己适合什么,只是盲目地追求"时尚"和"个性"。所以,如果家长们能够像上述事例中的那位家长一样,为她们提出既能彰显时尚,而又有利于身体健康的造型,女孩很容易就会采纳的。

那么,面对青春期女孩的这些特点,家长应该如何做,才能引导她们度过人生中的这个迷茫期呢?

方法一:和女儿一起摒除不必要的羞耻感

伴随青春期的到来,女孩的身体会发生很多大幅度的变化。例如,她们的胸部开始发育,会出现月经来潮,等等。但是,面对这些对于成熟女性来说非常正常的现象,这些刚刚进入青春期的女孩并不能正确地认识它们,她们甚至还会因此而产生一种羞耻感。

一位成年女士曾这样回忆自己的青春期:

那时候,我的胸部刚刚发育,但我觉得非常丑,于是我总是含着胸走路。但后来，胸部一直在发育，含胸走路已经不能解决问题，于是我开始用白色的布把自己的胸束起来。这样我就不用再为它的发育而感觉不好意思了。

的确，由于青春期女孩的心理发育程度要远远落后于身体的发育程度，所以，她们常常会因为自己的身体发育而感觉到羞耻、尴尬，从而不知所措。而且，在这种羞耻心的驱使下，女孩常常会做出一些可笑，甚至对身体发育非常有害的行为，例如，含胸走路、束胸等。在这种情况下，家长应该尽快让女孩认识到这是没有必要的。

一位母亲这样分享自己的经验：

在女儿15岁那年，我发现她总是含着胸走路，我知道女儿还没有接受自己正在向成熟方向发育的身体，她这样做是在遮掩自己正在鼓起的胸部。于是，趁着周末有时间，我故意带女儿去逛内衣店。一开始，女儿很尴尬，她一直躲在我的后面，但我假装没有看到。忽然，我看到一位非常漂亮的女士正在镜子面前检查她刚刚试穿的一款内衣的效果，于是我趁机教育女儿道："女儿，你看那位阿姨漂亮吗？"

女儿点着头说："非常漂亮。"

我接着说："其实女人的美丽来自于两个方面，一方面是内在美，其中包括一个很重要的方面，那就是自信；另一方面就是曲线美，胸部是女人曲线美的一个很重要的方面。你看那位阿姨，她的曲线很美，而且很自信，所以她才表现出一种与众不同的气质。"

从那之后，女儿再也不含着胸走路了。而且由于女儿已经发现了自己的美，她也慢慢变得自信起来。

在青春期，女孩之所以会产生那些不应有的羞耻心，是因为她们不能正确地看待自己身体的变化。所以，在这个时候，家长要引导她们去发现自己的美。正像上面事例中那位母亲所说的，女人的美分为两个方面，内在美和外在美。在青春期这一阶段，家长的主要任务就是引导女孩去发现自己的外在美。当女孩不再把自己的身体发育当成一种羞耻的时候，那说明她们已经发现了自己的美。当然，只有女孩发现自己的美之后，她们才会一点点变得自信起来。

其实,在青春期,除了第二性征的出现会使女孩产生羞耻感之外,身高、体重等因素也会让女孩产生一定的羞耻感。进入青春期之后,几乎每个女孩都会变得爱美,但如果她们发现自己的身材不高、体重太重,她们在心理上就会产生一种低人一等的感觉。

一个14岁的女孩曾这样说过:

我现在已经长大了,但令我烦恼的是,我的身高一直不见增加。就是因为我的身高太低,很多高个的同学都不愿意跟我玩,老师也不喜欢我,爸爸妈妈好像对我的身高也很在乎。

因为想让自己快些长高,我每天要吃很多东西,但令我感到气愤的是,我的身高没有增加,体重倒增加了不少。因为身高和体重,我对自己的外表已经失望了,我每天都不想见人,因为我在那些瘦瘦高高的女生面前根本就抬不起头来。

大多数青春期的女孩都对自己的外表不满意,她们要么嫌自己的个子矮,要么嫌自己太胖,而且,即使那些长得又高又瘦的女孩,她们也总是把目光放在自己外表的缺点上面。这些青春期的女孩为什么会这样呢?心理学家指出,随着性意识的悄然萌动,青春期的女孩从过去注重父母的认同转为注重同伴群体的相互认同。她们常常通过外表的修饰和打扮来吸引异性的注意和同性的羡慕,从而使自己在心理上获得满足。但当她们发现自己的一些缺点用修饰不能弥补时,例如,眼睛太小、鼻子太大、个子太矮、体重太重等,因为心理上的原因,她们总会觉得别人在盯着自己的缺点看,所以她们就会因此而产生羞耻感。

作为成人我们知道,女孩的这种羞耻感是没必要的。如果我们任凭女孩的这种羞耻感继续发展下去,女孩很可能因此而变得自卑。所以,为了保障女孩的身体和心理都健康发展,家长必须及时帮女儿消除那种没必要的羞耻感。

与一般的女孩相比,萌萌可以说很胖,但她并不像人们所想象的那样,因为自己的身材而自卑。相反,在她的身上总是透露着一股自信的气息。

每当别人向萌萌妈妈请教育女经验时,萌萌妈妈都会这样说:

我们家萌萌从小就有点胖,但我一直都向她灌输这样的观点:虽然大多数人都不喜欢自己胖,但胖算不上是什么缺点。你的五官长得精致,这完全可以弥补"有些胖"的缺点。

到了青春期,女儿开始格外注重自己的外表,为了使女儿能够正确看待自己的外表,我开始提前给女儿打"预防针":

当女儿在镜子面前照来照去时,我告诉她:"聪明的女人要能从镜子中看到自己的优点,而不是缺点。"

当女儿因为身材胖而受到同伴嘲笑时,我告诉她:"现代社会,人们比的是能力,而不是外表。"

……

我的心血没有白费,一次女儿班上一个很调皮的男生嘲笑女儿的身体"肿",没想到我的女儿竟然这样回击他:"我的成绩和能力也比任何人'肿'。"因为女儿有这份自信,我再也不用替女儿担心了。

从根源上说,青春期的女孩之所以会产生那些没必要的羞耻感,是因为她们不能正确地认识自己外表的缺点,并因为这些缺点而产生了自卑感。为了消除女孩的自卑感,家长们常常会想很多办法。例如,女孩嫌自己的个子矮,家长就给她买增高鞋;女孩嫌自己太胖,家长就给她买减肥药……但家长的这些做法除了会损害女孩的身体健康外,并不会解决实际问题。即使女孩穿了增高鞋真的变高了,即使女孩真的减肥成功了,但由于她们还是不能正确认识自己的外表,即使外表的一些缺点解决了,她们还会继续寻找新的缺点,继续因为这些缺点而自卑。

要想使青春期的女孩彻底摆脱那些没必要的羞耻感,家长就应该像上述事例中的那位家长一样,让女孩正确地认识外表与能力的关系,让女孩变得自信起来。

方法二:引导女孩在同伴身上发现自己

女孩天生爱美,尤其是到了青春期,她们真希望自己面前永远都有一面镜子,以使自己每时每刻都能看到自己的美丽。但也正是因为

青春期的到来,女孩又产生了很多新的烦恼:胸部的发育使她们感觉到难堪;腋毛的长出使她们不能再穿那些漂亮的无袖小T恤;腿毛的生长甚至使她们不愿意再穿裙子……

很多女孩对自己身上的这些"缺点"深恶痛绝,但尽管如此,她们一般也不会把这些心里话告诉家长。身体所表现出来的这些特征使她们深深地陷入困惑之中,她们常常在思考这些问题:

我是好女孩吗?

我正常吗?

别人会因此而笑话我吗?

……

当然,有时家长会对女儿讲,长腋毛、腿毛,以及胸部的发育都是很正常的,女孩长大了都会这样……尽管家长苦口婆心,但女孩往往都不会相信家长的话,她们还是常常把自己当成"怪物"来看。

作为成人我们知道,女孩用这种眼光审视自己,除了会使女孩产生自卑感之外,还会使女孩的心理健康发展受到威胁。

心理学家经过研究发现,那些很早就住校的女孩,很快就能接受自己身体在青春期时所表现出来的那些"缺点",并且能够很早就学会处理这些问题。例如,面对胸部的发育,她们会主动要求家长帮她们买内衣;面对腋下、胳膊上、腿上因毛发太重影响美观的情况,她们很早就学会了使用脱毛膏;面对生理周期问题,她们能够准确地记住自己月经来临的时间……

为什么面对青春期所表现出来的同样的"缺点",这些很早就住校的女生,要比那些没在集体中生活的女孩要成熟得多呢?

答案很简单:因为在集体生活中,那些很早就住校的女孩早已经在同伴身上发现了自己。也就是说,通过观察,当这些住校的青春期女孩发现同伴身上也存在同样的"缺点"时,她们内心的那些疑惑就会减轻很多,因为她们至少知道自己不再是"怪物"。当然,通过交流,当这些女孩发现同伴也有与自己相同的"烦恼"时,她们就会释然。这时,她们就会明白,这些都是成长过程中必须经历的。所以,她们不会像其他女孩那样自怨自艾,而是积极地想办法去解决这些问题。

也许很多家长会说:"我的女儿没有住校的机会,是不是她就不会正确面对青春期身体发生变化这一现实了?"其实,对于不住校的青春期女孩来说,家长可以用一个很好的方法来促使她们轻松地摆脱这些青春期的"烦恼"。这个方法就是——**引导女儿与同龄的女孩沟通,引导她们去同伴身上发现自己**。

一位母亲是这样总结经验的:

夏天天气很热,但女儿坚持穿着长袖的上衣和长长的裤子,我劝女儿穿她最喜欢的那条连衣裙,但女儿看了看那条裙子,叹了口气就走了。我知道女儿正在为自己的汗毛太重而发愁,我知道,在这个时候,即使我告诉她这些都是正常的,她也不会信。所以,我没给她讲大道理,而是对她说:"你可以把自己的这些烦恼跟你最好的朋友说一说。"

没过几天,女儿竟然主动穿裙子了,当我问她时,她竟然对我说:"这没什么,我们班70%的女生汗毛都很重,一会儿我去买脱毛膏,所有的问题就都解决了。"

是的,对于这些青春期的女孩来说,当家长给她们讲那些大道理时,她们一般情况下都不会相信,因为她们觉得父母那是在骗她们,在哄她们开心,她们甚至还会觉得父母根本就不理解她们的痛苦。但与同龄的好朋友沟通却完全不是这种效果,由于正在经历的事情相同,她们很容易产生共鸣。就像上述事例中那个女孩一样,当她通过与同伴沟通,发现全班70%的女生都存在毛发重这一问题时,她就不会觉得自己是个"怪物"。而毛发重这一问题就变成了一个非常小的问题,小到用一管脱毛膏在几分钟时间内就能解决掉。

所以,如果你的女儿还沉浸在青春期所带来的各种烦恼中,不妨引导她们把"烦恼"与闺中密友多交流交流。当她们在同伴身上找到"自己"时,她们就能坦然地面对这些青春期问题了。

本节重点图示：13~16岁，女孩家长应该这样做

写在图画前面： 14岁的女孩没有征得父母的同意就把头发染成了红色。

(×：立刻反对或讽刺)

(√：表示认同并正确引导)

青春期的女孩之所以会盲目地追求"时尚"和"潮流"是有深层原因的——这是她们融入某个团体的一种手段。在这种情况下，家长的大道理、批评和讽刺对她们根本不会起积极作用，只会引发她们的叛逆心理，促使她们的行为越来越夸张。但如果家长能够理解她们的行为，并向她们提出真诚的建议，女孩是很容易接受的。

写在图画前面:到了 15 岁,女孩胸部的发育已经有些明显了,但女孩认为这很丑,所以她总是含着胸走路。

(×:不尊重并指责) （√:告诉女孩什么是真正的美）

青春期女孩的心理发展速度要远远落后于她们身体的发育速度,当她们的身体表现出成熟女性的特征时,她们常常会产生羞耻感。在这种情况下,家长最主要的任务就是让她们认识到,那种羞耻感是没有必要的,身体的变化是她们成长和成熟的一种表现。这样才能促使女孩健康而自信地度过青春期。

写在图画前面:妈妈听说,女儿在学校跟某个男生关系走得很近,她有可能正在谈恋爱。

(×:过早给女孩的行为定性) （√:给予女孩更多信任）

到了青春期,每个女孩都会对感情产生懵懂的感觉,但大多数的女孩对自己的感情是有一定控制能力的。在这种情况下,家长的误解常常会激发女孩的逆反心理,而家长的信任则有助于女孩进一步提高自控能力。

写在图画前面:妈妈想要给 15 岁的女孩买一条普通的牛仔裤,但女孩偏偏相中了一条很贵的名牌牛仔裤。

(×:直截了当地拒绝)

(√:引导女孩学作计划)

当青春期的女孩向家长提出要求时,很多家长会认为她的那些要求是无理要求,因此总会找一些理由加以拒绝。但这种方法不但得不到女孩的认可,而且还会造成亲子关系紧张。在这种情况下,家长最明智的做法就是:引导女孩通过制订计划来完成目标。这既满足了女孩的要求,又培养了她做事有计划的习惯,而且还能促使青春期女孩对家长更加信任。

第2章

女孩来自于一个有别于男孩的"世界"

一 X染色体——决定女孩一生的成长轨迹

二 雌性激素——开启女孩女性特征的"金钥匙"

三 从大脑结构差异看女孩的智力发展

引 语
yinyu

　　女孩和男孩来自于两个完全不同的"世界"。在女孩的世界里，充满了糖果、香料、洋娃娃等温馨美好的事物；而在男孩的世界里，却充满了手枪、坦克等带有冒险性和探索性的事物。

　　正是因为所属的"世界"不同，女孩与男孩的行为常常有着天壤之别：

　　女孩与男孩所玩的游戏完全不同：女孩喜欢稳定、安全的游戏，她们能够独自与洋娃娃玩上一个上午，而男孩却不甘"孤独"，他们常常会在攀爬等带有冒险性的活动中寻找乐趣；

　　女孩与男孩对世界的理解完全不同：女孩的世界里充满了"关系"，她们很注重人与人之间关系的和谐，而男孩却生活在充满攻击性的世界里，他们动不动就会用武力解决问题；

　　每到一个新的环境中，女孩与男孩的关注点是完全不同的：女孩希望自己能够尽快找到好朋友，而男孩却时刻都在思考这样一个问题：如何才能成为新群体的"头儿"？

　　……

　　那么，女孩与男孩为什么会存在如此大的差异呢？

　　对此，生物学家以及教育学家给出了明确的答案：

　　※染色体、荷尔蒙以及大脑结构的不同，导致女孩与男孩在思维模式、行为方式等方面存在着巨大的差异。

　　当然，家长也只有了解女孩与男孩之间的差异，以及这些差异产生的根本原因，才能有针对性地为女孩提供更有利于她们成长的教育。

一 X 染色体
——决定女孩一生的成长轨迹

在生活中,我们常常会听到很多成人这样抱怨:

"我真是没本事,生不了儿子。"

"生了个女孩,我都没脸见公婆了。"

……

在现代社会,虽然大多数的家长都已接受了"男女平等"的观念,但受"重男轻女"思想的影响,仍然有一部分家长不喜欢女孩。而且,他们还常常错误地认为:生不了儿子,这都是孩子的妈妈没本事。

其实,懂一点生物学知识的人都知道,生男生女与妈妈没有关系,爸爸精子里的那条染色体才决定着孩子的性别。

性别的形成是这样的:

人体每个细胞内有23对染色体,包括22对常染色体和1对性染色体。性染色体包括X染色体和Y染色体。

妈妈的卵子中包括22对常染色体和1对性染色体XX;爸爸的精子包括22对常染色体和1对性染色体XY。妈妈卵子中的性染色体X如果与爸爸精子中的性染色体X结合,受精卵则发育成女性;妈妈卵子中的性染色体X如果与爸爸精子中的性染色体Y结合,受精卵则发育成男性。

由此可见,婴儿性别的形成与妈妈无关,它是完全由爸爸精子中的那对性染色体所决定的。

家长可不要小看这对性染色体,它决定了女孩的性别,因此女孩会表现出很多不同于男孩的特点,例如,喜欢安静、善于人际交往等。

当然,为了完成女孩的成长轨迹,X染色体需要一个得力的"助手",那就是女性身上的雌性激素。在它的帮助下,女孩将显现出很多女性的特质,并出现第二特征,最后它还将促使女孩快速地成长为一个成熟女性。

那么,对于这些小女孩来说,她们的成长轨迹是怎样的呢?

一位教学多年的老师这样描述她眼中的女孩:

她们很文静,也很遵守纪律,上课认真听讲,家庭作业完成得很好,在课堂上很少捣乱,教女孩省事多了;

她们的语言表达能力很强,每当学校有什么文艺活动,几乎都是女孩们的舞台;

她们很喜欢与人交往,因此她们朋友很多,而且,她们很会讨老师的欢心;

……

这位老师的话,形象地描述了女孩的成长轨迹。它表明,女孩喜欢安定、平稳的成长,她们一般不会像男孩那样去冒险和竞争。

了解了女孩这种成长轨迹之后,女孩的家长肯定会感到很欣慰,因为大多数的女孩家长都持有这样的观点:女孩听话、乖巧,往往不用费太大力气就能把她们教育好。

但教育专家却提醒女孩的家长们:不能"高兴得太早"。因为家长的疏忽和大意常常会使女孩走入很多误区。很多教育案例表明,如果家长不注重女孩的心理发展,女孩很可能变得非常敏感、多疑;如果家长不注重女孩能力的培养,她们很可能变得胆小、懦弱……

每一位做家长的都不希望自己的女儿变成这样,但又是什么原因让这些女孩变得如此敏感和懦弱呢?

这还要从那条X染色体说起。X染色体,携带了女性基因,所以它强化了女孩天生具有的女性特征,比如文静、善解人意等。但与此同时,它也使女孩身上具有了很多女性天生的弱点,例如,注重人与人之间的关系、胆小、软弱等。其中"注重人与人之间的关系"是其他弱点产生的根本原因。正是因为女孩害怕人与人之间的关系破裂,所以她们常常会委曲求全,因此她们胆小和软弱的弱点也就很明显地表现出来了。

正是因为女孩的这一特点,女孩与男孩在看待周围世界的时候,才会表现出很大的不同。

一位同时拥有女孩和男孩的母亲曾这样描述过自己的孩子:

我女儿和儿子关心的问题一样多,但关心的方向却很不同。女儿总是想知道我对她的评价如何,是否爱她;而儿子却总是发表对我们的评价,一直想要表达他的看法……

是的,每个小女孩都迫切地希望知道家长对自己的评价,以及家长是否爱自己,因为她们要用这些来衡量自己与家长之间的关系。如果她们认为家长不爱她们,她们就会产生强烈的不安全感。当然,如果女孩长久处在这种不安全感中,她们的心理健康就会受到很大的影响;如果她们认为家长是爱她们的,那她们就会产生极大的愉悦感和安全感,她们的行为也会因为这种感觉而变得更加合作、友善。

女孩不仅重视与家长之间的关系,她们几乎重视与自己有关的任何人之间的关系。细心的家长也许会发现,当我们的女儿与他人的关系不融洽时,她们会极度地伤心、难过。在这种情况下,家长们常常会听到她们说这些话:"老师怎么不喜欢我了呢?是不是我做错了什么?""今天小丽玩游戏没有带上我,我以后不和她好了。""今天我让朋友不高兴了,我很内疚。"……

为什么我们的女儿对人与人之间的关系如此敏感呢?

儿童心理学家指出,因为我们的女儿从出生那一刻起,一直就用"关系"来衡量她周围的世界。当女孩与他人接触时,她们最想知道以下几件事情:

我们之间有关系吗?

我们的关系本质是什么?

要保持这种关系需要做什么?

因为女孩十分在意自己与他人之间的关系,所以她们会特别留意别人的一些语言和行为,并常常会在这些语言和行为中捕捉一些不和谐的因素。例如,看到父母心情不好,她就会觉得自己做错了什么;小伙伴玩游戏时没有叫上她,她就会觉得别人不喜欢自己了;她常常会因为自己的行为给别人带来麻烦,而产生强烈的内疚感和自责感……由此,我们不难总结出女孩易受伤的深层原因:

※因为我们的女儿生活在"关系"网中,一旦这个"网"破裂了,她们的自尊心就会受到打击,内心就会产生一种悲观、失落的情绪。

也就是说,女孩常常会因为人际关系不和谐而受伤,例如,父母的忽视、朋友的不理解等。在这些时候,她们常常会处于不安全的状态之中,这会对她们的内心造成很大的冲击,从而使她们受到极大的伤害。家长们可不要小看这些情况对女孩造成的伤害,这些伤害往往会影响她们的一生。

一般来讲,由于女孩注重人际关系这一特性,女孩会有如下表现:

1. 委曲求全,容易妥协。

为了让自己的内心充满安全感,女孩需要更好地保持与他人之间的关系。其实,女孩的这一特性在她们很小的时候就表现出来了。她们之所以比同龄的男孩要乖巧、听话,正是因为她们想用这些好行为来稳固自己与父母之间的关系。

一位母亲这样回忆自己的女儿:

我4岁的女儿很听话,也很乖巧。每次我要求她去做一些事情时,她都会无条件地去做。

一天,我对女儿说:"乖女儿,你要学着认字了,认识很多字的女孩才聪明,妈妈最喜欢聪明的孩子了。"

听了我的话,女儿果真每天都吵着让我教她认字。在我的要求下,女儿开始学习书中的那些字。有时,遇到一些不认识的字,女儿还会主动来问我。有些时候,我会这样对她说:"这些字对你来说有些难,等你长大些妈妈再教你,好吗?"

但没想到女儿却一口回绝了我,她一本正经地对我说:"不,妈妈,我要学会这些字,不然妈妈就不喜欢我了。"

我当时一惊,原来女儿想通过这种方式与我保持亲密关系。

是的,为了能够赢得父母的喜爱,为了能与父母建立更加稳固的关系,即使女孩心里很不乐意,她们也会完全按照父母的意愿行事。不仅仅是在父母面前,甚至在与同龄孩子的交往中,女孩也常常会表现得非常谦让和顺从,以赢得对方的好感,或者以此作为成为对方朋友的筹码。

沿着这样的成长轨迹,长大后的女孩大多会延续听话、顺从的个性。在与父母意见不合时,女孩会选择妥协,而不是为自己的想法据理力争;在与朋友的交往中,她们也会顺从朋友的意愿,为了友谊的延续,不得不委曲求全……

例如,在生活中,大多数的女孩都是这样的:在与好友交往的过程中,好友说现在去逛街,她就会跟着去;好友说现在去看书,她同样会跟着,从来不想表达自己的看法,也不会遵照自己的意愿行事。

在女孩看来,她们这样做换来了友谊,其实,在这种不知不觉的过程中,女孩把她本应具有的独立性、自主性都丧失了。在与他人交往的过程中,她们形成了这样一种观念:不能拒绝别人的要求,否则我们之间的关系就会破裂。也正是因为这一点,我们的女孩在与他人交往的过程中,常常为了满足他人的意愿而损害了自身利益。

一个小女孩曾在自己的日记中这样写道:

今天语文考试,我觉得题不难,一直答得很顺利。这时,坐在我旁边的小美突然叫我,她说她的铅笔断了,要向我借一支。但我的备用铅笔只有一支了,可是我和小美很要好,不借给她我怕她会不高兴。

考试到一半时,我的铅笔突然断了,可是,我不能再把那支铅笔要回来,她考不好我会内疚的。就这样,我只能干坐在那里等待考试铃声的响起。

的确,为了维护自己的友谊,女孩常常会委曲求全;为了不让对方受到伤害,女孩会在别人的意愿面前妥协。就像上述事例中的小女孩,如果她没有把自己准备的那支铅笔借给朋友,她的内心会不安、会愧疚。正是因为这种极度注重关系的特性,大多数的女孩常常会因为别人的意愿,而损害自己的正当利益。这也正是为什么很多女性在感情、婚姻生活中处于被动地位的一个主要原因。

2. 渴望他人的保护,成为"弱者"的代名词。

女孩似乎天生就渴望得到他人的保护。女孩在小时候就天真地以为,自己在任何情况下都不用害怕,因为爸爸妈妈会一直在身边保护自己。在生活中,也许我们还常常会看到这样的场景:

一个小女孩正在与一个小男孩发生争执。女孩说:"我不怕你,我爸爸很厉害,你再敢欺负我,我就告诉我爸爸。"

是的,当生活中出现的一些状况女孩无法应付时,她们希望有人能够伸出援手。在女孩小时候,这个人一定是爸爸。随着年龄的增长,女孩心目中会出现很多英雄式的人物,她们时常幻想自己遇到危险时,这些英雄能够及时出现。当女孩成熟后,她们也渴望遇到一个人,能够让她依靠,成为她一生的保护神。

这也许是大多数女孩的心理发展历程,但这种依赖别人的心理却会促使女孩产生这样一种思想:我是女孩,我需要帮助和保护。伴随着这样的想法,女孩常常把自己定位成"弱者"。每当她们遇到问题或困境时,她们不是想办法去解决问题,而总是等待着"保护神"的出现和帮助。作为成人我们知道,女孩的这种心理对于她们的成长和发展都是极度不利的。

那么,女孩为什么总是把自己定位成"弱者"呢?

事实上,女孩总是把自己定位成"弱者",除了与她们注重"关系"有关之外,与父母的溺爱也有极大的关系。

对大多数家长而言,女孩是娇小的、脆弱的,不如男孩那样禁得起摔打和磨炼。所以,很多家长对女孩总是格外爱护,生怕女孩会受伤。但家长这种过度的疼爱却让女孩产生了这样一种思想:我需要保护神,父母就是我的保护神。

于是,在生活中,我们常常会发现这样的一幕:离开父母后的女孩常常会受到伤害,她们对苦难和痛苦的承受能力特别差。

一位家长曾这样说过：

女儿小的时候特别瘦弱，所以我几乎把自己所有的爱都给了她。为了不让她受到任何伤害，我们几乎不让她出去玩；为了避免一些不必要的麻烦和伤害，我们每天都会接送她上学……

女儿上高中了。我发现，她常常因为一点小事就伤心，有时甚至还会影响学习成绩。例如，考试成绩下滑了一点，她会伤心好几天；与朋友因为一点小事而产生摩擦，她会担心好几天……这孩子太脆弱了，她的心理素质太差了，我真不知道该怎么帮助她了。

家长对女孩的溺爱所产生的后果就是这样，它会让我们的女儿变得如此脆弱、如此敏感。当然，更令家长们感觉伤心的是，当女儿长大后，面对女儿的这种软弱、脆弱，以及敏感，家长也无能为力。就像上述那位家长所说的那样，她也不知道该如何帮助女儿了。

那么，作为女孩的家长，我们如何帮助女孩变得"强大"起来呢？对此，您可以参考以下几点建议：

※不要灌输女孩是弱者的观点。
※不要对女孩过度关爱（注意，是"过度"关爱）。
※告诉女儿：最能保护自己的人只有自己。

当然，这些建议发挥效果的前提是：女孩越小，效果越明显。如果在女孩很小的时候，家长就告诉她，依靠自己的力量才能幸福，那女孩肯定不会把自己定位成"弱者"。

每一位做家长的都希望自己的女儿健康快乐地成长，但由于女孩太注重关系这一特性，我们的女儿常常会被不安全感包围。那么，针对这一点，我们应该如何帮助女孩呢？

方法一：让和睦的家庭为女孩披上"金色外衣"

我们都知道，女孩从呱呱坠地那一刻起，她所接触到的第一个关系，也是最重要的一个关系就是家庭关系。

对于一个新生女婴来说,她总在试探着熟悉家人的面孔、周围的环境。随着一点点地成长,她逐渐地信任并依赖这种家庭关系,并从这种关系中得到了她所想要的归属感。

当女孩被爱拥抱着、被亲情关爱着的时候,她会感到很安全、很美好。这时,一种轻松、自由的心情充斥在她们心中。而科学研究也表明,在和睦家庭中成长的女孩,无论在性格方面,还是智力方面都会表现出很大的优势。

一个女孩在日记中,这样描述自己的生活:

我感到很幸福,爸爸妈妈都很爱我。我们一家人常常去附近的公园荡秋千,妈妈扶着我,爸爸推秋千。我们还一起去爬山、一起打篮球……妈妈爱我也爱爸爸,爸爸爱我也爱妈妈,我的家庭充满了温馨和关爱。我喜欢我的家庭,更爱我的爸爸妈妈。

但值得注意的是,并不是每一个家庭都这样完美。生活中,依然有很多家庭是不和谐的,很多女孩从小就生活在父母的争吵之中。这对她们会产生什么样的影响呢?我们还是去那些女孩的日记中寻找答案吧!

一个上小学四年级的女孩在日记里这样写道:

今晚,我们家又在上演第 N 次"世界大战"了。我一直没有想明白,既然爸爸妈妈这样讨厌对方,他们为什么要结婚呢?又为什么会生我呢?难道他们生我就是为了让我受折磨吗?我真的想离开这个令我讨厌的家,可是谁又愿意收留我呢?

在不和睦的家庭中,受伤最深的往往是孩子,尤其是那些看重人与人之间关系的女孩子。就拿上述事例中这个女孩来说,爸爸妈妈的争吵让她感觉到极度不安全,她一直想逃离这个不安全的环境。作为家长我们可以想象一下,如果我们的女儿这样想逃离家庭这个环境,她们是不是很容易受到坏人的欺骗?我们的女儿这样渴望与他人建立更稳固的关系,她们是不是很容易发生早恋现象?

对此,教育学家给出了答案,在不和谐的家庭中成长起来的女孩,她们的行为、性格,以及心理都会产生一定的偏差。例如,由于长期生活在不安全、不快乐的环境之中,女孩经常怨恨父母、怨恨他人,从而极易使她们形成孤僻、冷漠的性格。

当然,随着年龄的增长,女孩会走入青春期。但如果在这个时期,家长仍然不能给女孩提供一个和谐的家庭环境,那问题就会变得严重起来。调查研究表明,在内心那种不安全感的促使下,很多渐渐长大的青春期女孩都会做出一些越轨的行为,或是沾染一些不良习气,比如,吸烟、加入不良团体、早恋等。

对此,儿童心理学家给出的解释是:**父母关系的不和谐,是造成青春期女孩出现越轨行为的一个主要原因**。因为她们极度希望与他人建立稳固的关系,当她们的这种心理在家庭中得不到满足,她们就会到不良团体中去寻找。在这种状态下,我们的女儿是极易变"坏"的。

那么,家长应该怎样做,才能使女儿健康快乐地成长呢?

一位家长这样分享自己的经验:

从女儿出生那一刻起,我与丈夫就已经做好了充分的准备。为了能给女儿营造一种充满爱的成长环境,我和丈夫做了以下几点约定:

1.绝不在女儿面前争吵,即使在某件事上存在意见冲突,也要通过协商的方式解决;

2.我们互相尊重、互相体贴,并且把这种良好的感觉传递给女儿;

3.不要把不好的情绪带回家,更不能把这种不好的情绪传递给女儿;

4.一家人定期去郊外旅游,让女儿体会到更多源自家庭的快乐;

……

正如我们所料,在这种充满爱的环境中,我们的女儿正在健康快乐地成长。

女孩不仅注重自己与他人的关系,她们对周围人之间的关系也很敏感。即使她与周围人的关系都很好,但其他人之间的关系不和谐,在这种环境中,女孩也不会产生安全感。

作为女孩生命中最重要的两个人——父亲和母亲,如果他们之间的关系不和睦,女孩就会觉得自己一直生活在"战斗"中,或者是担惊受怕之中。在这种环境里,女孩会想极力逃避这种环境。相反,如果女孩父母之间的关系特别和睦,家庭每个成员之间的关系也都特别和

睦,女孩就会觉得自己生活在温馨的港湾中,她们就会对家庭这种"关系"产生极大的信任感。这种信任感会陪伴女孩走过整个人生,更会为她们的未来披上"金色的外衣"。

作为女孩父母,我们必须明白:给予女孩一个温馨、幸福的家庭环境,远胜于任何言语或行为的教育!

方法二:让女孩明确自己的力量和能力

不管是女孩还是男孩,他们的身上都充满了无穷的力量和无限的潜能。然而,在错误的性别观念影响下,大多数的家长常常会持有这样的观念:

女孩是脆弱的,她们需要他人的照顾;

女孩是无助的,她们需要他人的保护。

在这种观念的影响下,大多数的家长都对女孩宠爱有加,他们时刻在照顾和保护着女儿。表面来看,在家长的这种照顾和保护下,女孩在无忧无虑地成长。但家长却没有发现这种表面现象的本质:在家长这种无微不至的保护下,女孩自身的力量和潜能正在一点点消失,甚至开始退化。

一位家长曾讲述过这样一件事情:

我每天晚上都会给女儿辅导功课,遇到她不会做的题目,我都会详细地为她解答。但渐渐我发现自己的这种做法是错误的,因为每次做作业时,女儿连想都不想就直接放弃,而且还名正言顺地说:"反正妈妈一会儿会给我讲的,我就不用浪费脑细胞了。"

如果女孩养成了这种遇到难题就放弃的习惯,在家里做作业的时候,她可以等着妈妈给她讲解,但如果是在考试中,她又能依赖谁呢?所以,家长要让女孩认识到自己的力量,或者想办法把女孩自身的潜力激发出来。

那么,家长如何才能让女孩认识到自身的力量呢?

我认识的一位父亲是这样做的:

女儿小时候特别胆小,尤其害怕狗。一次,我带女儿出去玩,突然看到不远处跑来一只小狗,女儿赶忙藏到我身后,而且吓得快要哭出来了。

看到这种情况,我把女儿拉出来,很认真地对她说:"一只小狗没有什么可怕的,你完全有能力把它撵走。"

女儿似乎不太相信我的话。于是我在附近捡了一根树枝交给她。她拿着树枝,鼓起勇气向小狗比划了两下,没想到小狗就跑开了。看到这种情况,女儿很高兴地对我说:"爸爸,爸爸,你看我多厉害,我把小狗打败了,我再也不害怕它了。"

是的,我们的女孩完全有能力把她害怕的那只小狗赶走。然而,在生活中,大多数的家长都不会给她们证明自己有这种能力的机会。当女孩因为害怕而躲在家长身后时,大多数家长肯定都会说:"别怕,爸爸(妈妈)会帮助你的。"然后就会把女儿所害怕的那只小狗赶走。在这种情况下,女儿会因为家长的这种保护而产生安全感。但这种安全感是很短暂的,当女孩再次遇到小狗时,她还会害怕、还会不知所措。而且,在家长的这种教育方式下,女孩很容易产生这样一种观念:我需要他人的保护。在这种观念的影响下,女孩很快就会把自身的力量和潜能遗忘。

因此,父母在教育女儿的过程中,一定要牢记这样一条原则:

※多把"爸爸(妈妈)来保护你,帮助你"换成"你有这个能力,你一定行"。

另外,心理学家还表示,**不管是女孩还是男孩,家长的鼓励都能让他们认识到自己的力量**。因此,在女孩不同的年龄段,家长都要用自己的鼓励伴随她们成长。例如:

当女孩初学走路时,家长不要害怕她摔倒,即便是跌倒了,家长也要鼓励她自己爬起来,这样才能使她认识到自己的能力;

当女孩大一些,让她们学着做家务、买东西,为家人做一些力所能及的事,这些都能证明她是有能力的;

当女孩进入青春期,家长对她们的约束也不要太过严厉,家长的信任和鼓励能够使她们对自己充满信心；

……

除此之外，家长还可以鼓励女孩去锻炼身体。一个体弱多病的女孩，是无论如何也没有办法展示自己的力量的。所以，周末的时候，家长应多陪女孩去参加一些体育锻炼。如，陪女儿一起跑步，让女儿涉足一些男孩子的活动项目，鼓励女儿参加学校的团体活动和体育活动等。身体的力量可以带给女孩更多的自信，能够促进她们的能力得到进一步展现。

方法三：让女孩"辛辣"的方面与"糖"的方面协调发展

古老的摇篮曲这样唱道：

小女孩就是由糖、香料和所有美好的东西做成的。

在轻哼这首古老的歌谣时，我们心中会浮现出很多美丽的画面。在女孩的"世界"里，到处都是粉红色、玫瑰、糖果等美好的事物。而正是因为如此，女孩被赋予了很多美好的品质，比如乖巧、善良、善解人意等。其实，这些都是女孩"糖"的一面。

那女孩"辛辣"的一面又指什么呢？

确切来说，是指她们身上所具备的那些男性特征，例如，独立、要强、有进取心等。当然，由于受雌性激素的影响，女孩身上的这些男性特征表现得并不明显。

在生活中，大多数的家长都十分注重对女孩"糖"的方面进行培养。例如，家长们常常会对女儿说："要学会照顾别人"，"要做个淑女"……正像他们所说的那样，他们希望女儿温柔、善良、乖巧、懂事，做个真正的淑女。

在这种教育观念的影响下，只要女孩稍微表现出一点淘气、好动、冒险行为等，家长就会对女孩"严加惩治"。他们常常会对女孩说："你是个女孩，不要像男孩那样淘气"，"那些都是男孩子喜欢的活动，女孩怎么能玩呢"……

但事实上，不管女孩正处在哪个年龄阶段，她们身上都包含一定的雄性激素——睾丸素。在这些雄性激素的影响下,女孩也会表现出一些冒险和好动行为。但往往就是家长们那种"女孩就应该做淑女"的教育观念,使得大多数的女孩不得不把天性中的那种"辛辣"隐藏起来,无法展现。

于是,在现实生活中,我们就常常会遇到这样一种女孩:她们乖巧、讨人喜欢,"糖"方面的特征很明显,但却缺少"辛辣"的一面。其中最明显的表现就是,女孩的独立性、竞争性,以及创造性都很差,因为她们这些"辛辣"的特性早已被家长的教育扼杀了。

"糖"方面的特征非常明显,让女孩越来越向"淑女"的方向发展,但由于"辛辣"方面特征的缺失,现实中的女孩常常会以"弱者"的身份示人。

一个女孩在日记中曾这样写道:

我总是感觉自己比男生差。例如,我觉得自己没有男生聪明,没有他们有力气,数学成绩总不如他们,也没有他们坚强……

我也不知道自己为什么会这样想,但我记得我小时候并不是这样的。那时,我特别喜欢和男孩一起玩,也很淘气,凡是男孩玩的东西我都敢玩。可是,爸爸妈妈不让我和他们在一起,说那样会学坏,也不像个女孩子。

从那以后,我只和女孩子玩,学着做乖乖女。现在我成了名副其实的乖乖女,但我总觉得自己失去了很多东西。

由这个女孩的日记我们可以看出,其实她的天性中是有"辛辣"方面的特征的。但父母那种"培养淑女"的教育观念使她放弃了那些能力。例如,她变得软弱、爱依赖别人;她觉得自己没有力量和能力,在很多方面都不如男生……舍弃自己"辛辣"方面的特征,她的内心也在承受着巨大的痛苦。

其实,生活中大多数女孩的遭遇与她相同,在痛苦的过程中,她们变成了"淑女"。当然,由此我们也可以得出这样一个结论:是家长不正确的教育方式,让女孩缺失了"辛辣"的一面,让她们变成了"弱者"。

读到这里,肯定会有家长说:"那以后我们就要着重培养女孩性格中'辛辣'的一面了。"但问题是,一味地培养女孩"辛辣"方面的特性是否科学呢?

心理学专家指出:只有让女孩在"糖"方面和"辛辣"方面协调发展,家长的教育才是最科学的。

正如我们在前面所说,如果一味去塑造女孩"糖"的一面,就会在不知不觉中将女孩塑造成"弱者";但如果家长一味地去培养女孩"辛辣"方面的特性,那女孩很有可能变成"假小子",这同样不利于她们的心理健康发展。

那么,具体来讲,家长应该如何做,才能让女孩"糖"的一面与"辛辣"的一面协调发展呢?

对此,我给出这样的答案:

※父母要明确自己的责任和义务,在家庭中为女儿做出好的榜样。

是的,家庭关系对女孩性格的影响是巨大的,其中,父母的权责分工更能够让女孩的双面性格协调发展。具体来说,这种分工应该是这样的:

第一,妈妈在家庭中要扮演好"糖"的一面。 在日常生活中,母亲要表现出善良、友爱、关心他人等女性特征,并把一些女性美好的品质渗透到生活的小细节中。例如:

妈妈要温柔地照顾家人的饮食起居;

妈妈要细心地关注家庭成员的心情变化;

妈妈要把家中的事情料理得井井有条;

……

当然,如果妈妈在平时的生活中总表现得很粗鲁,经常说脏话、动手打人,这就会把女孩弄糊涂。"女性到底应该是怎样的呢?"这个问题会让女孩迷惑不解。在妈妈这种榜样的影响下,女孩很有可能缺失"糖"的一面。

第二,爸爸在家庭中要扮演好"辛辣"的一面。在家庭中父亲要表现出权威和独立性,同时也要鼓励女儿向自己学习。例如:

父亲在面对问题、困难时,要表现得有主见,而且坚强;

父亲要敢于带女儿一起去做冒险性和创造性的活动;

父亲要鼓励女儿独立,自己去解决问题;

……

总之,在家庭中,父母都要做好女儿的榜样,并在关键的时候给出相应的指导和提示。这样,女孩性格中"糖"的一面和"辛辣"的方面才会协调发展。

本节重点图示:弥补女孩的个性弱点,家长应当这样做

1. 让女孩有主见。

写在图画前面:小女孩神情沮丧地回家取羽毛球拍,在妈妈的引导下,女孩说出了心里话:"其实我想去书店,但小燕说她想玩羽毛球,我怕她不高兴,玩就玩吧。"

(×)

(√)

女孩是很注重"关系"的,她们常常为了维护这些"关系"而放弃自己的主张。长此以往,女孩就会被这些"关系"所累,从而变成一个没有主见的人。所以,家长既要鼓励女孩说出自己的想法,同时也要教她一些既能维护关系又能满足自己意愿的方法。

2. 鼓励女孩拥有一些男孩特征。

写在图画前面：小女孩与男孩们一起玩，他们正在学爬树。

女孩身上也会有冒险、竞争等男孩特征，但如果家长一直用"女孩就应该做淑女"的教育观念，去压制女孩身上的若干"男孩子气"，很容易使女孩变得软弱、退缩。但如果家长适当地鼓励女孩像男孩那样去表现，这将有利于她们的性格全面发展。

3. 为女孩创设和睦的家庭氛围。

写在图画前面：面对父母的争吵，小女孩害怕地哭起来，她边哭边对爸爸妈妈说："爸爸妈妈，不要再吵了，我害怕。"

一个不断充斥着争吵声的家庭,对女孩心灵的伤害是无法估量的。当在家庭中寻找不到一种安全稳固的关系,女孩就会努力在家庭之外寻找这种关系。在这种情况下,女孩很容易变"坏",如交上不良朋友、早恋等。

4. 让女孩明确自身的力量。

写在图画前面:6岁小女孩胆子很小,看到一只小狗跑过来,马上躲到爸爸的身后,嘴里说道:"爸爸,我害怕狗,快把它赶走。"

每个孩子都有自己的力量和潜能,家长的过度保护只会使女孩的力量和潜能消失。因此,在生活中,家长要多给女孩机会,让她来证明自己的能力。这样,女孩的潜能才会被最大程度地发掘出来。

5. 让女儿在"辛辣"和"糖"这两方面协调发展——父亲与母亲的职责。

二 雌性激素
——开启女孩女性特征的"金钥匙"

在进入本节内容之前,我们先来认识一下荷尔蒙。

荷尔蒙,又称激素。每个人身上都会有不同的荷尔蒙,根据性别不同,男孩和女孩体内各种荷尔蒙的含量也不同。

在本节中,我们主要讲述促使女孩表现出那些女性特征的荷尔蒙,即雌性激素。

一位女孩家长这样评价自己的女儿:

我的女儿从小就很乖巧、听话,小小的她就会关心地问我:"妈妈,是不是累了?我给你捶捶背吧。"

当然,在很多时候,她也表现得很情绪化,刚才还"晴空万里",没过一会儿,就下起了"倾盆大雨"。情绪变化这样快,我都要跟不上她的步伐了。

的确,乖巧、听话、善解人意、情绪化……这些都是女孩最明显的特征。也许大多数的家长都在为小女孩如此善解人意而感到惊奇,同时又在为她们如此的情绪化而感到迷茫。其实,家长们不用惊奇,也不必迷茫,女孩的这些女性特征都是被她们体内的雌性激素所激发出来的。家长们不要小看这些雌性激素,它的力量是很神奇的:

从妈妈受孕那一刻起,这些雌性激素就已经为女孩规划了未来。也就是说,雌性激素决定了女孩具有细心、安静、敏感、温柔等天性,同时也决定了她们更注重人与人之间的关系。

除此之外,雌性激素对女孩的感情生活也有着重要影响。它控制女孩情绪的稳定、思考的过程、做事的动机,以及如何处理外来的压力。如果雌性激素活动不稳定,就会使女孩的情绪产生波动。如果雌性激素过低,女孩就会感到孤独、生气、悲伤、失望、缺乏自尊等。其实,在某种程度上,雌性激素的存在也是女孩更容易敏感的原因。

这时候,很多女孩家长也许会有这样的疑问,女孩是天生就具有雌性激素吗?它在女孩体内的含量是如何变化的?

一本生物学著作中,这样描述了女孩雌性激素的变化历程:

当女孩还在妈妈的肚子里时,她体内的雌性激素就已经开始形成。由于雌性激素的存在,女孩表现出她的性别特征,如女性生殖器官。

在女孩出生到7岁之间,女孩的雌性激素发育较慢,身体尚没有明显的变化。此时,女孩与男孩的身体发展基本相似,起主要作用的是脑垂体分泌的生长素。

大约到了8岁,女孩体内的雌性激素突然增加,她们的身体发展也会发生戏剧性的变化。此时,对女孩身体起支配作用的激素,主要是雌性激素和孕激素。它们帮助女孩吸收蛋白质,减缓身体生长的速度,并增加体内的脂肪。

月经初潮大约发生在9岁到14岁之间,根据女孩身体发育和营养状况,月经会相应地提前或推后。

当女孩进入青春期,雌性激素继续增加,女孩的身体变化已经明显表现出来。此时,女孩的心理发育也趋于成熟。

……

当然,除了雌性激素之外,女孩体内还有很多其他激素,它们也会对女孩的行为产生一定的影响。例如,孕激素就是女孩更喜欢小孩子和小动物的原因;催产素则会使女孩产生更多的"怜悯之情",体现出更多"母性的本能"。另外,女孩体内也有睾丸素,但由于含量很少,所以女孩不会像男孩那样充满攻击性。

当然,由于这些激素在女孩的体内含量较少,或者只是在某个阶段才会出现,所以它们对女孩女性特征所起的激发作用都无法与雌性激素相比。所以,在这种意义上,我们可以这样说:

※雌性激素是开启女孩女性特征的"金钥匙"。

我们也可以这样说,是雌性激素让女孩表现出很多不同于男孩的特征。当然,这些特征有对女孩成长有有利的一面,也有不利的一面。虽然每个女孩的成长环境不同,但雌性激素对她们却发挥着同样巨大的作用。一般来说,在雌性激素的影响下,女孩会表现出以下几个特征:

1. 爱哭。

作为家长我们知道,女孩爱哭,但我们往往不知道她们为什么这样爱哭。

其实,女孩爱哭与她们体内的雌性激素有很大的关系。在女孩体内,有一种雌性激素,叫做催乳激素,它控制着乳腺和泪腺的生长发育,以及乳汁和眼泪的分泌。通常情况下,催乳激素在平稳的水平上增长,但在某个阶段,它会突然分泌过高,致使女孩需要通过哭来宣泄掉多余的催乳激素。

另外,催乳激素还控制着女孩何时哭,以及眼泪的流量。当催乳激素分泌得过快,它会通知女孩应该哭泣了;即使女孩不想哭时,在催乳激素的影响下,女孩的眼泪也会止不住地流下来。

当然,即使这种激素在平稳分泌时,它也会越积越多,当它的含量在女孩体内达到一定程度时,它会促使女孩通过哭泣宣泄出来。所以,在生活中,我们常常见一些女孩因为一点小事就哭泣,但往往马上就"雨过天晴"了。这些时候,基本上是因为女孩体内的催乳素分泌过多,或是积聚得太多,需要宣泄了。

2. 情绪化。

人们都说,女孩的心情是六月的天气,说变就变。这句话在告诉我们,我们的女孩情感丰富,而且有些变化无端。

女孩的情绪为什么会这样多变呢?为什么青春期女孩的情绪变化最无常呢?这还要从她们体内的雌性激素说起。

一本生物学著作中是这样描述女孩在生理周期中的情绪变化的:

在女孩月经周期的第一、第二个星期,雌激素和啡肽水平逐渐升高。此时,女孩的情绪稳定,精神饱满。

月经周期的前一个星期,雌激素上升后突然下降,女孩的情绪也随之不稳定。此时,她们会有孤独、烦躁的感觉。

排卵期和排卵后期,雌激素的水平又开始上升,孕酮也同样增加,而且在排卵后的七八天,它们达到各自的顶峰。此时,是女孩情绪的最佳时期。

由此可见,家长们没有必要去埋怨女孩情绪的无常,因为在很多时候,这不是由她们的意志决定的,女孩体内雌性激素的变化是任谁也控制不了的。

3. 常常会因为自己的情绪或情感而受伤。

一般来讲,在日常生活中,女孩的情感和情绪是可以互通的。例如:

我们说一个女孩情感丰富,她的首要表现可能是情绪化。例如,看到妈妈对别的孩子好,她会不高兴,甚至还会故意为难那个孩子。

但当这件事情过去后,当女孩再次回想起来时,她很可能会因为自己当时的那些行为而自责。此时,这种自责就属于一种情感的流露。

因此,我们可以得出结论:情感是经过思维加工的情绪。

对于女孩子来说,由于体内雌性激素含量变化的原因,她们对个人情绪的加工过程是异常活跃的。在生活中,我们常常会听到小女孩这样说:"当时我太生气了,所以才说出那些伤人的话。现在我想明白了,我不应该那样做,我觉得很对不起你。"

由此我们不难看出,在很多情况下,受体内雌性激素的影响,女孩常常会出现很多不理智的情绪和行为。就拿上述事例中的小女孩来说,看到妈妈对别的孩子好,她可能莫名其妙地产生气愤的情绪。在这种莫名其妙情绪的引导下,她很可能做出不理智的行为,如故意为难这个孩子。

但由于女孩是非常注重"关系"的,当那种不理智的情绪转化为情感后,女孩就会觉得因为自己的行为,而造成了自己与那个孩子之间关系的变化,进而陷入深深的自责之中。

所以,女孩那些不理智的情绪既会伤害到别人,又会伤害到自己。

受雌性激素的影响,女孩会表现出以上这些特点,家长应该如何应对呢?

方法一：引导女孩把眼界"放大"、"放宽"

一位母亲讲述了这样一件事情：

我的儿子和女儿一起去参加一个篝火晚会，但他们回来之后向我描述的篝火晚会却完全不同。

我问儿子："晚会上有什么有趣的事情吗？"

儿子平淡地回答："就是有一些火和动感的音乐，其余的没有了。"当我再接着问时，儿子已经有些不耐烦了。

而女儿的表现却与儿子完全不同。她回到家后，还没等我问，就已经滔滔不绝地说了起来："这个篝火晚会太有趣了。我的朋友们都穿着非常美丽的衣服，贝贝的连衣裙与她的鞋正好相配，简直漂亮极了……还有，小娜来晚了，她的哥哥不得不去接她……小莉好像不太高兴……"

不难看出，这位母亲的讲述展现出了女孩与男孩之间一个很大的区别：女孩比男孩更细心、对事物更敏感。

为什么女孩和男孩对同样的环境会产生如此大的感观差异呢？

事实上，促使这种差异产生的原因主要有两点：**一是因为他们体内所含的激素不同；二是因为他们大脑结构存在很大的差异**。

我们都知道，受体内雄性激素睾丸素的影响，男孩对充满冒险和攻击性的事物比较感兴趣，所以，在篝火晚会中，小男孩对火和那些带有冲击性的音乐留下了较深的印象；但女孩体内所含的多是雌性激素，在此影响下，女孩比男孩要细致、敏感得多。就像上述事例中的那个小女孩，在篝火晚会朋友这样多的环境下，她甚至可以发现她的某个朋友情绪不对，在强颜欢笑。

另外，由于女性大脑的线路可以接收和解释大量的感觉信息（关于这一点，在以下的章节中，我们将详细讲解），所以，对于同样的事情，女孩的反应要比男孩更强烈，同时她们的"感觉"也要比男孩多很多。例如在篝火晚会中，女孩会发现她的某个朋友来晚了，朋友的哥哥去接朋友。由这件事，女孩会推断出，朋友与哥哥之间的感情很深。但对于男孩来说，他可能根本就没有发现朋友来晚这件事。

我们都说女孩感情细腻、细心体贴、会照顾人，这些都是在雌性激素的激发下，女孩所体现出来的个性优点。但任何事情都具有两面性，也正是由于雌性激素的影响，我们的女儿常常会表现得过分"敏感"。

大多数的女孩家长几乎会发出这样的感慨和疑问：

"她太小心眼了，因为一点小事就会哭个不停！"

"她又因为什么而闷闷不乐呢？"

"她的情绪变化为什么会如此之快？"

……

是的，教育学家经过研究发现，女孩比男孩对声音更敏感，而且女孩更善于发现人们语言中声调的变化，并由此来判断家长或朋友细微的情感变化。但这对于家长们来说并不一定是好事，因为家长常常要为女孩的敏感"埋单"：当女孩因为一点小事而哭泣时，家长要安慰她们；当女孩因为那些莫名奇妙的感觉而闷闷不乐时，家长还要想办法哄她们开心……也许大多数家长都在思考这个问题：如何让我们的女儿变得不再这样敏感呢？

在此，我们倡导：**引导女孩把眼界"放大"、"放宽"**。

如果我们的女儿整天把注意力都放在她所生活的环境之中，那她的"敏感"就会最大限度，甚至是超限度地发挥出来。这样，她几乎每天都会挑周围人的"事儿"。例如，看到爸爸的心情不好，她就会觉得自己做错了什么；看到朋友与除她之外的同学很亲密，她就会认为朋友不喜欢她了……

那么，家长应该如何引导女孩把眼光"放大"、"放宽"呢？

在这一方面，父亲要发挥重要的作用。因为在女孩的观念中，父亲是力量的象征，是"万事通"，他总能给女孩一种眼界开阔的感觉。所以，做父亲的一定要多抽出时间来陪女儿。

一位父亲这样总结分享自己的经验：

生活中，为了防止女儿总是盯住一些小事不放，我总是有意识地引导她。例如，跟她一起看一些教育片，让她认识到人胸怀的宽广；带她去旅游，让她去见识外面更加宽广的世界；带她去接触那些底层社

会的人们,让她了解世界上还有很多人需要他人的关注和帮助……

在这其中,对她触动最大的是那些贫困地区的人们,当她了解到有那么多的孩子还上不起学时,她主动把自己存钱罐里的钱都拿出来捐给了他们。而且她还很认真地对我说:"爸爸,等我有了能力,我一定更多地帮助他们。"

当然,在这个过程中,女儿收获的不仅仅是爱心,更重要的是,经历了这些事情之后,她的眼界开阔多了,再不像之前那样盯住一些小事不放了。

是的,女孩都是善良的,她们的身上含有很多爱心因素,她们很愿意帮助那些需要帮助的人们。尽管在很多时候她们的能力有限,但她们仍然会以此为目标去努力。正像上面那位父亲所讲的那样,在帮助他人的过程中,女孩收获的不仅仅是爱心,还有更加开阔的眼界。当她们了解到自己有更有意义、更重要的事情要做时,她们就不会再关注生活中的那些小事了。

当然,也许有家长要问:"为了使女儿的眼界开阔,一定要带女儿去那些贫困山区体验生活吗?"

答案当然是否定的。其实,带女孩去贫困山区体验生活,仅仅是表面的一种现象,这一行动的真正目的是让女孩认识到生活是美好的,引导她去做一些有意义的事情。如果家长没有条件或时间带女孩进行类似的活动,完全可以通过别的途径达到这一目的。例如:

让女孩去体会帮助他人的乐趣;

让女孩认识到人生是有限的,她还有很多事情要去做;

引导女孩多参加学校组织的一些活动,多与那些优秀的人接触;

……

这些在一定程度都可以开阔她们的眼界。当她们的眼界开阔之后,自然不会再盯着生活中的那些小事不放,自然也不会再像以前那样"敏感"。

方法二:不惩罚,为女孩设置"栅栏"

每个人都会不可避免地犯错误,女孩也不例外。虽然女孩不像男孩那样是"破坏大王""捣乱机器",但她们也常常会有意或无意地犯一些错误。例如,她们也会欺负别的小朋友;她们会故意把牛奶打翻,然后得意地看着家长收拾"烂摊子"……

在大多数人的眼中,女孩都是懂事、乖巧、听话的,明知这些行为是错误的,她们为什么还要去做呢?

心理学家表示,有两大原因促使着女孩犯这种错误:一是她在效仿家长的行为,二是为了满足她们的某种心理需求。

针对这两点原因,我们将分别进行详细的讲述。先说女孩的模仿行为。我们都知道,受体内雌性激素的影响,女孩是细致和敏感的,因此她们常常能够非常准确地效仿家长的某些行为。

一位家长曾讲述过这样一件事情:

一天,我接到女儿幼儿园老师打来的电话,她告诉我,我的女儿在玩的过程中,只要一遇到挫折就打其他的小朋友,有点小暴力倾向。听完电话,我非常生气,当时就想打这个小丫头一顿。

但我立刻停止了这种想法,因为我意识到,女儿这种暴力行为很有可能是从我身上学到的。

每个孩子犯了错误之后都要接受惩罚,但如果家长用这种简单、暴力的方式来惩罚女孩,这些暴力行为很有可能被女孩"吸收",并且"活学活用"起来。

对此,心理学家这样解释:对于女孩来说,即使家长没有打她们,批评或责骂她们也意味着使用暴力。因此,惩罚不仅会引起女孩的愤怒、不满和报复的欲望,而且还会使她们效仿这种行为。

女孩很敏感,如果家长对她们大喊大叫,或者对她们使用暴力,这都会伤害她们的自尊心,让她们感觉到羞耻和不安,进而促使女孩用愤怒来表达自己的不满。当然,如果通过这种方式仍然不能发泄心中的怒气时,她们就会把这种不良的情绪转嫁到他人身上。例如上述的事例中,家长使用暴力对待女儿,小女孩就会把这种暴力行为转嫁到幼儿园其他小朋友的身上。

另外,当女孩的某些心理需求得不到满足时,她们也会表现出很多不合作或者是破坏行为。例如，每个孩子都有很强烈的被关注的心理需求，如果女孩的这种心理需求得不到满足，她们就会通过破坏行为来吸引家长的"眼球"。

例如，她们会故意把牛奶打翻，而等待家长的反应。在这个时候，家长一定要注意：如果你因为这件事情而惩罚你的女儿，那之后你女儿的破坏行为肯定会越来越多。因为虽然女孩受到了惩罚，但她们赢得了家长的注意力，她们的心理需求得到了满足。所以，在这种情况下，女孩的破坏行为会愈演愈烈。

当然，家长们还须注意的是，有研究表明，家长在女孩小的时候对她们的惩罚方式不当，是造成她们青春期叛逆的一个主要原因。心理学家解释道：虽然有时家长的惩罚可以使女孩合作，但女孩的不满和愤怒会在其他时间以其他方式表现出来。在青春期，由于女孩体内的雌性激素会大量增加，所以，它往往会成为女孩这些不满和怒气发泄的"爆发口"。

由此，我们也可以总结出这样一个结论：惩罚对女孩是不起效果的，而且在很多时候，它还会使女孩的不合作行为、破坏行为增加。

那么，家长如何教育犯了错的女孩才算科学呢？

对此，家长们可以参考这样一个权威的答案：

※不用惩罚，而是给女孩划出一个范围清晰的"栅栏"边界，并告诉她们越界后的相应后果。

这里所说的"栅栏"是指什么呢？其实，这个"栅栏"就是规范女孩行为的一种界限、规则，是防止女孩犯错误的一种警戒线。虽然女孩不像男孩那样是"规则型"的动物，但她们同样需要用明确的规则来约束自己的行为。更何况由于雌性激素的影响，女孩的天性中有合作的因素，所以，这些"栅栏"更能够有效地约束女孩的行为。

其实，在女孩很小的时候，家长就应该对她们明确这些"栅栏"的边界。例如：

不允许碰火炉,否则会烧伤;

不要说脏话,否则没人会喜欢你;

不要说谎话,否则你会失去朋友和家长的信任;

……

当然,在陪伴女孩成长的过程中,家长需要不断地重复"栅栏"的范围,并且随着女孩的成长,不断地制定新的"栅栏"。也许有家长要问:"一旦我们的女儿越过了这个'栅栏'的界限,我们该怎么办呢?"其实,在这个时候,家长只要按照"栅栏"的规定去做就可以了。例如:

一个4岁的小女孩在晚饭前偷吃了很多饼干,妈妈没有给她讲大道理,而是直接禁止她看晚上的动画片。因为她们的"栅栏"规定:晚饭前不许吃零食,否则就不能看晚上的动画片。

任何一种有效的教育方式都需要家长坚持原则地维护。在女孩"越界"之后,如果有一次家长对女孩做出了妥协,女孩就再也不会相信这些"栅栏"对她有约束的功效。所以,只有家长每次都坚持原则,这些小女孩才会对家长的这种教育方式深信不疑。

方法三:聆听女孩的倾诉,放慢解决问题的步伐

家有女孩的家长常常会这样评价自己的女儿:别看这丫头平时乖巧、听话,但一旦发起脾气来也会"惊天动地"。有时因为生我们的气,她甚至好几天都不和我们说话……

的确,在很多家长看来,自己的女儿都是"天使和魔鬼结合的化身"。当她们高兴时,她们会很乖巧,也很听话,甚至还会主动为家长做一些家务;但当她们被负面情绪困扰时,她们会哭泣、会发脾气,有时家长都会对她们束手无策。这时,肯定有家长会抱怨了:"为什么这些女孩的情绪总是这样让人捉摸不透呢?"

其实,家长之所以觉得女孩的情绪变化令人捉摸不透,是因为他们不了解女孩的情感是如何发展的。一般情况下,大多数女孩的情绪变化都是遵循可预测的情感曲线的。

一本心理学著作是这样记述女孩的情感发展路线的:

女孩的情绪变化分为三个强度,即轻微情绪骚动、理智清醒区、非理智状态区。

当女孩处于轻微情绪骚动时,她的情绪变化不会很强。例如,女孩提出了一个想要新玩具的要求,但被父母拒绝了。此时,她只是有点生气,但这种生气的情绪很快就会得到释放,然后转换到平静的状态。

当女孩处于理智清醒区时,她们的情绪强度会增加。此时,她们会明显地表现出自己的一些负面情绪。例如,跟朋友约好了时间去滑冰,但朋友却一直没有出现,女孩会感到非常气愤,她甚至会把这种情绪带到家里。

当女孩的情绪达到非理智状态区时,她会"怒发冲冠",失去理智。此时,他人企图阻止这种情绪的疯长是不可能的。例如,当一些青春期的女孩感觉很生气时,家长给她讲道理,甚至是批评、训斥她都是不起作用的。这时,只有她们把那些怒气全部释放之后,才能恢复平静。

由这段记述可以看出,女孩的情绪变化是遵循一定规律的。当然,针对这一规律,家长也可以找到应对女孩这些坏情绪的有效方法。例如,家长可以根据女儿的行为判断她们的情绪正处于哪个强度,然后再根据这些情绪强度的不同,采用不同的方法应对。

例如,当女孩的情绪处于轻微情绪骚动或理智清醒区时,家长可以通过倾听的方式来帮助女孩释放怒气,缓解情绪;当女孩处于非理智状态区时,任何教育手段对她都不起作用,这时,家长可以放慢解决的步伐,等女孩的情绪恢复平静之后,再对她进行教育。

1. 当女孩的情绪处于轻微情绪骚动或理智清醒区时。

一位家长讲述了这样一件事情:

一天放学后,我的女儿哭着跑回家。我把她搂在怀中,轻轻地抚摸着她的头发,问她:"发生了什么事,能跟妈妈说说吗?"

"好朋友是不是应该互相关心?可我的朋友小英都好几天没理我了,我不知道自己做错了什么……"

女儿在说这些话的过程中,我没有插嘴,而是不时地用眼神和动作来回应她。没想到过了一会儿,女儿突然像想起来什么似的,马上拿着羽毛球拍就向外走。她边走边对我说:"妈妈,我约了朋友打球,一会儿就回来。"当她正要换鞋出门时,她又忽然跑了进来,给了我一个拥抱,然后有些不好意思地对我说:"谢谢你,妈妈,听我说了这么多话,我现在好多了。"

当女孩的情绪处于轻微情绪骚动或理智清醒区时,她们的这种情绪是很容易得到发泄的。一般情况下,只要她们把心里的那些委屈和愤怒顺利地说出来,她们的这些负面情绪就已经发泄出了一大半。就像上述事例中的小女孩,当她把自己内心的那种疑惑和委屈告诉妈妈后,她的这种负面情绪已经对她的行为不造成影响了,她又可以和其他的小伙伴去开心地玩了。

但如果家长在倾听女孩讲述的过程中,表现得心不在焉,或者不断地提出很多问题,女孩就会变得很烦躁。这不仅不利于她们负面情绪的发泄,而且还会激发她们更多的负面情绪。

所以,在倾听女孩的过程中,家长要掌握以下几点技巧:

※要认真听、用"心"听;

※不仅是"听",其间还可以用"嗯""是吗"等简单的话语回应女儿,但一定不能打断她,或者向她问很多问题;

※在倾听女儿讲述的过程中,家长要不断地通过表情或眼神与女儿交流,让她知道你在听她讲话。

2. 当女孩处于非理智状态区时。

青春期,由于体内的雌性激素会大量增加,这一时期女孩的情绪很容易处于非理智状态区。在这种情况下,家长的任何教育手段都会对她们失去作用,所以,家长不妨放慢解决问题的脚步。

例如:一个15岁的女孩因为说脏话而受到了老师的批评,在学校她不敢与老师顶嘴,但她把怒气都带到了家中。回到家后,女孩一边摔书一边大喊道:"老师就是偏心,那么多人都说脏话了,为什么偏偏批

评我！"也许她说着说着还会大哭起来。这时候，家长先不要跟她讨论"该不该说脏话"的问题，而是应该先引导女孩通过正确的渠道把怒气发泄出来。例如，家长教她捶打枕头发泄怒气，或者到没人的地方大喊几声发泄。但家长一定要告诉女儿，允许她发泄内心的不满情绪，但她的发泄方式不能影响到他人。例如，不能摔家里的东西，也不能在家里大喊大叫等。

当女孩把内心的那些不满都发泄出去之后，她们的情绪就会慢慢恢复平静，在这种情况下，家长再与她讨论"该不该说脏话"的问题，女儿就很容易听进家长的建议。我们可以称这种引导女孩情绪发泄的方式为"放慢解决问题的脚步"。

本节重点图示：尊重并引导女孩的正确情感，家长应当这样做

1. 扩大女孩的眼界。

写在图画前面：7岁的女孩常常因为周围的人际关系而伤心。一天，因为朋友没有带她玩游戏，她伤心地对爸爸说："是不是我又做错了什么呀？"

(×)　　　　　　　　　　(√)

当女孩把大部分的精力都放在周围的人和事物上，她们就很容易受他人或小事的影响而产生情绪波动，甚至患得患失；但当女孩的眼界扩大后，或者当她们去做更有趣的事情时，她们那种不良情绪出现的几率就会大幅度降低。

2. 为女孩设置必要的"栅栏"。

写在图画前面：吃早餐时，女孩故意把一杯牛奶洒在了桌子上。

(×)　　　　　　　　　　(√)

对这些敏感的小女孩来说，惩罚是没有意义的，因为惩罚常常使她更加敏感，或者破坏行为愈演愈烈。但如果家长能够用设置"栅栏"的方法来约束女孩的行为，当犯了错误，她一般都会接受应承担的后果。

3. 认真倾听女孩的心声。

写在图画前面：8岁的小女孩哭着跑回了家。

当女孩产生负面情绪时，家长不停地问这问那，会使女孩的心情越来越糟糕。此时，家长耐心、认真的倾听最有助于女孩发泄那些不良情绪。

4. 帮助青春期女孩发泄负面情绪。

写在图画前面：处于青春期的14岁女孩一回到家里就摔书包，并且还生气地说："太不公平了，那么多人都说脏话，老师凭什么只批评我呀！"

受体内雌性激素的影响，青春期女孩的情绪很容易进入非理智状态。她们的情绪一旦进入这种状态，家长的任何教育手段几乎都会失去作用。所以家长不妨暂且延缓解决问题，先帮女孩把负面情绪发泄掉，这是对她们进行有效教育的前提。

三 从大脑结构差异看女孩的智力发展

在大多数家长眼中,男孩似乎天生比女孩有优势,他们个子高、身体壮……除此之外,大多数的男孩要比女孩聪明,他们在学习上也会表现出很大的优势。

一位老师曾讲述了这样一件事情:

在家长会上,我们正在讨论女孩的数学成绩问题,其中一位家长是这样说的:"我女儿很笨,有些试题我在家里给她讲了很多遍,但稍微改变一下形式,她就不会做了。"

另一位家长也感叹道:"女孩天生就不是学数学的料。"接着,又有很多女孩的家长举例证明这个观点……

是的,我们之中的大多数家长会持有这样的想法,认为女孩没有男孩聪明。但事实证明,家长们的这一观点是错误的。

教育专家们曾做过这样的实验:他们设计了几种不同的智力测试题,分别对不同年龄段的男孩和女孩进行测验。测验结果表明,男孩与女孩的测验总成绩相差无几。

由这个试验,教育专家们得出了这样一个结论:不管在哪个年龄段,女孩与男孩在综合智力素质上都是相当的。通过更进一步的研究,专家还发现,虽然女孩和男孩在综合智力上没有太大差异,但在不同的测试区内,他们的成绩却是非常不同的。例如,男孩在涉及空间问题的测试上表现很出色,而女孩在语言问题上表现更突出。

既然男孩和女孩的综合智力相当,那为什么他们的成绩会在个别领域表现得如此不同呢?

生物学家指出,这些个别领域成绩的差异,是由女孩与男孩大脑结构的不同造成的。

一本生物学著作这样描述女孩与男孩大脑的差异:

人类的大脑分为左右两个半球,这两个半球各司其职。其中,左半球负责语言和推理,右半球负责运动、感情以及对时空的定位。这两个大脑半球依靠神经纤维束相互联结。女孩脑内纤维束的体积要远大于男孩脑内的纤维束体积。正因如此,女孩左右脑之间的联系要比男孩多得多。

其实,当婴儿还在母体中时,男女胎儿大脑结构上的差异已经非常明显了。这种差异表现在两个主要方面:一是,女孩大脑的发育速度明显快于男孩;二是,女孩左右脑之间的联系多于男孩。

在生活中,细心的家长还会发现这样一个问题,女孩与男孩在感兴趣的游戏方面是完全不同的:小女孩一般会对组词、猜字谜、造句等游戏很感兴趣,而男孩们却似乎对这些游戏非常反感;小男孩对搭积木、走迷宫等游戏非常感兴趣,而女孩们却对此不屑一顾。

为什么会出现这种现象呢?

生物学家表示,这除了与男女在大脑结构上存在差异有关外,还与他们的思维习惯有很大的关系。

生物学家们通过观察和研究发现,男孩习惯用大脑右半球思考问题,而女孩习惯用两个半球同时思考。

也正是因为这种思维习惯的不同,又促使了男女大脑结构的差异越来越明显:因为男孩总是用大脑右半球思考问题,所以,男孩的大脑右半球变得越来越发达;而女孩习惯用两个半球同时思考,所以,她们大脑中联结两个半球的纤维束体积越来越大。

那么,与男孩相比,女孩的这种大脑结构会给她们带来哪些方面的优势呢?

1. 女孩的语言能力较强。

有养育女孩经验的家长都会发现这样一个问题:当男孩还不会说话时,女孩已经会喊"爸爸""妈妈"了;当男孩还只能说出简单的几个词语时,女孩已经可以滔滔不绝地讲故事了……

其实,女孩与男孩的差异不仅仅局限于这些。随着年龄的增长,女孩在阅读和写作方面也会表现得特别突出。

我就曾遇到过这样一个场景：

周末的一天，几位三年级孩子的家长站在学校的布告栏前观看自己孩子的作文展览。其中一位母亲说："我家儿子的作文写得太少了，只写了几个字。"另一位母亲说："我家儿子的作文也才写了几行字。"当这两位母亲都在夸奖那个作文写了两页的孩子时，又一位母亲不以为然地说："这有什么值得奇怪的呢，这是个女孩写的。"

是的，在女孩很小的时候，大多数的家长都已经认同了女孩在语言方面表现出来的优势。当然，就像上述事例中最后那位母亲所说的那样，那些与语言有关的能力，如写作、阅读等，也都已经被家长们看做是女孩的强项。家长们的这一判断是正确的，但大多数的家长却并不知道女孩产生这一优势的真正原因。

这还要从女孩的大脑结构说起，在婴儿期，女孩的大脑就比男孩的发育快，并且她们在婴儿期就开始更多使用左脑来思考问题，所以大多数女孩的大脑左半球比男孩要发达。我们都知道，大脑左半球是主管语言和推理的，由此可见，女孩在语言、阅读以及写作方面表现出很大的优势就不足为奇了。

2. 形象思维好。

一位家长曾给我讲述了这样一件事情：

一天，我带7岁的儿子和5岁的女儿一起去逛动物园。在回来的路上，我问他们："动物园里的大象是什么样的呀？"儿子说了一句"很高很大"就不再说话了，而我的女儿却说个没完："它的耳朵像一把大扇子，好像比我的小衣服还要大……还有，它的大腿像柱子那样粗，其他的小动物被它踩到了肯定会没命……"

与哥哥那种泛泛的描述相比，妹妹的描述很快就会让人联想到一只大象的形象。事实上，小女孩的这种形象思维的优势在她们很小的时候就已经表现出来了。我们会发现，小时候的女孩都爱拿着画笔到处乱画，在白白的墙上画出很多千奇百怪的小动物，在画板上画爸爸妈妈的肖像……其实这都是她们形象思维发展的表现。

与男孩相比,为什么女孩的形象思维有如此大的优势呢?

其实这还要从女孩的大脑结构说起。我们都知道,人类的左脑是主管语言和形象思维的,由于女孩的左脑要比男孩发达,女孩才会在形象思维方面表现出如此得天独厚的优势。

由于大脑结构与男孩存在很大的差异,女孩除了在语言和形象思维方面表现出很大的优势之外,在记忆力和推理方面也要比男孩更胜一筹。

当然,这种不同于男孩的大脑结构给女孩带来如此多优势的同时,也给她们带来很多不如男孩的劣势。一般来讲,与男孩相比,女孩在学习能力方面的劣势主要表现在以下几个方面:

1. 抽象思维能力差。

在生活中,家长们常常会发现这种现象:

女孩对那些复杂的数学公式推导很不在行;

稍微复杂一些的物理现象就会令她们头痛;

面对那些立体几何题,她们更是无从下笔;

……

女孩的这些表现都很明确地表明了,她们的抽象思维能力较差。面对女孩在理科方面表现出来的劣势,很多家长常常会着急上火。其实家长无须如此着急,因为女孩的抽象思维能力是由她们的大脑结构所决定的。

我们都知道,人类的右脑主要负责导航、时空定位和抽象思维等。男孩由于联结他们大脑两半球的纤维束很少,所以在大多数情况下,男孩习惯用右脑思考。正是因为这种频繁的使用,又更加促进了男孩右脑的发达。女孩习惯用左脑,或者是左右两脑同时思考问题,所以,女孩右脑的开发程度要比男孩低得多。也正因如此,她们在抽象思维方面表现得比男孩差也就不足为奇了。

2. 空间感和方位感不强。

有科学家曾做过这样一个试验:

他们给若干名7岁的孩子看一幅地图,在这幅地图上有几处明显的建筑物标志,它们都是用几何图形绘制出来的。把地图拿走后,他们让这些孩子回忆这些建筑物的位置。最后的结果让他们大吃一惊,因为小男孩们几乎都回忆出了这些建筑物的位置,而且有些男孩还说出了那些建筑物的结构;但大多数的女孩不能很好地回忆出那些建筑物的位置。

通过这个试验,科学家们得出了这样一个结论:女孩的空间感和方位感天生要比男孩弱。

女孩的这种思维劣势在生活中表现得很明显,即使是成年女孩,她们到了陌生的环境里也常常分不清方位,而且很容易迷路。由此,家长们也就能够理解女孩为什么会对立体几何等科目特别反感了。

由上述的这些分析我们可以看出,虽然女孩与男孩在综合智力方面不相上下,但他们在不同领域的能力却存在很大的区别。

家长们可能还会产生这样的疑问:"为什么随着年龄的增长,女儿的学习成绩会不断出现'滑坡'现象呢?"

那是因为随着年级的增加,孩子们所学知识的难度越来越大了,理科科目也越来越多了,所以女孩的成绩才会出现"滑坡"。

除此之外,还有一个很重要的原因,那就是,家长、学校以及社会对女性的性别偏见也会造成女孩成绩"滑坡"。具体来讲,表现在以下几个方面:

1. 家长的偏见会使女孩不能正确认识自己的能力。

在生活中,我们常常会看到这样的场景:

当女孩遇到一道数学难题时,家长常常这样对她说:"不会做就算了,这道数学题对女生来说确实有些难。"而不是这样鼓励女孩:"仔细想一想,这道题对你根本不算什么。"

当女孩的物理成绩考得不错时,家长常常会这样说:"这段时间你很努力,所以才取得了这样的好成绩。"而不是认同女孩的能力:"由这次好成绩我们可以看出,你在学习物理方面有很大的天赋。"

……

大多数的家长会持有这样的观点:女孩根本就不是学理科的"料儿",并且在生活中,他们已经有意无意地把这种观念表现了出来。例

如在上述场景中,家长这样对女孩说:"这些数学题对你确实有些难。"那女孩就会产生这样的想法:我再怎么努力,都无法改变我不擅长学数学的天性。要知道,大多数的女孩是非常敏感的,她们总会捕捉生活中那些对她们不利的信息,如果一直受这些消极想法的影响,她们根本就没有办法把数学学好。

特别是到了中学之后,由于知识难度的增加,女孩在学习数学方面会表现得有些吃力。如果在这个时候,家长们还经常对女孩传达这样的观点:女孩根本就不是学习数学的"料儿",那每当遇到稍微有些难度的数学题时,女孩往往就不会认真思考,而是用这句话来宽慰自己,甚至还会直接放弃学习数学。所以,家长这种性别偏见常常会害了自己的女儿。

"女孩天生就不是学习数学的'料儿'"这句话根本就是不正确的。因为生物学家表示,受家长教育方法的影响,孩子的大脑结构是会发生改变的。也就是说,如果在女孩小的时候,家长就有意识地培养她们的抽象思维能力和时空感,那女孩的右脑也会越来越发达。

那么,家长应该如何培养女孩的抽象思维能力呢?

对此,您可以参考这样几点建议:

※ 经常让女孩玩那些锻炼抽象思维的游戏,如走迷宫、侦察游戏等。
※ 让女孩从小学习认路;
※ 很早就对女孩灌输空间的概念,例如,用积木帮她们建造"高楼大厦";
……

当然,对女孩来说,初中是其学习成绩的一个"分水岭"。在这段时期,女孩能够感觉到自己对数学等理科科目有些力不从心了。在这种情况下,家长除了引导她们采用正确的学习方法之外,还要多鼓励她们。例如,当女孩的数学成绩取得了一点进步,家长先不要夸奖她的努力程度,而是要告诉她,她在理科方面是有天赋的。这样,女孩才会对自己的理科学习充满信心。

2. 学校教育的区别对待会让女孩对自己丧失信心。

在学校教育中，很多老师也常常会对男女生抱有一定的性别偏见，并且他们常常会有意无意地把这些偏见传达给孩子。

以下是一个小女孩的困惑：

老师说男生应该把数学学好，因为这样才能成为工程师；老师还说，女生应该把语文学好，因为这样才能成为作家。可是，为什么男生要做工程师，女生要做作家呢？难道女生就不能做工程师吗？

是的，对于这些年龄较小的女孩来说，老师传达给她们的这种性别偏见可能会成为一种疑惑。但对于那些有了理性思维能力的女孩来说，老师的这种偏见就会转化为她们的一种观念：数学不用学太好，因为女生根本不可能把数学学好，女生擅长学习语文，只要把语文学好就可以了。

作为成人我们知道，这种观念会使女孩产生很严重的偏科现象，而且会明显地影响她们的学习成绩，十分不利于女孩学业的发展。

其实，在学校教育中，老师的偏见对女孩的影响绝不仅限于这些。一位初中的女孩曾讲过这样一件事情：

我不喜欢教我们数学的王老师，因为他总是偏向那些男生，上课提问题时总是叫那些男生回答；自习课时，他还会走到男生面前，问他们有哪些题目不会做……如此偏心的老师，我真希望学校把他调走。

大多数的女孩是非常敏感的，当老师对某一群体表现得特别关注时，她们会因为自己的被忽视而对老师产生反感，进而对这位老师所教的科目产生反感。而学校教育中的现实情况就是这样，大多数教理科的老师会对男生有一种特殊的偏爱。这会对女孩产生一种无形的伤害，并在无形之中打击女孩学习理科的积极性。

那么，面对女孩在理科学习方面表现出来的劣势，以及学校和社会对她们的这些偏见，家长们应该如何帮助她们呢？

方法一：让女孩学会动笔

与同龄的男孩相比，由于左脑比较发达，女孩的阅读优势很早就显现出来了：

她们可以自己阅读图画书，然后再把里面的故事讲给爸爸妈妈听；

她们的语文阅读题目总能拿很高的分数；

……

但教育专家经过研究发现，虽然女孩在语文方面存在很大的阅读优势，但面对数学、物理等理科科目时，女孩的阅读能力根本派不上用场，有时甚至还会使女孩出现阅读障碍。

一位女孩曾伤心地这样说道：

今天数学测验，其中有很多难题我不会做，而且题目还有些读不懂。于是，我就像做语文题那样一遍又一遍地读，试图弄懂每句话的意思。但我读到最后却发现自己越来越糊涂了。是我的脑子笨，还是这些题目有问题呢？

事实上，并不是这个女孩的脑子笨，也不是题目有问题，而是她在做这些题目的时候出现了阅读障碍。

在生活中，每当数学成绩揭晓时，女孩总会拿着自己的试卷抱怨说："这道题我根本没有读明白"，"我把这道题的意思理解错了"……每当这个时候，家长都会埋怨女孩粗心。其实这并不是我们的女儿粗心或者不认真，而是她们在做这些题目时出现了阅读障碍。

那么，怎样才能减少或避免这种状况呢？

专家们通过对男孩的思维过程进行研究发现，当男孩在做数学等理科科目的题目时，他们的大脑会快速运转，而且头脑中会呈现出很多图像。

为什么会出现这种现象呢？

专家们从一个小细节中找到了答案。在做数学题时，女孩喜欢一遍又一遍地阅读题目，而男孩喜欢在草稿纸上画来画去。原来他们是把题目所要表达的意思用图画表现出来了。专家们经过研究得出了这样一个结论:正是男孩这种把题目变成图画的方式,促使了他们大脑的快速运转,并能在头脑中呈现出很多图像。

一个数学成绩很棒的男孩曾这样说过:

别人都说我聪明,其实我的聪明是有原因的。面对一道很复杂的数学题,有时我也会不知所措,但当我用笔把题目的意思画出来时,我发现这些题目就不那么难了。例如那些路程和速度的问题,有时仅仅读题目根本就解决不了什么问题,而且有时读得遍数越多会越迷糊。但如果把这些题目用图画表现出来,题目所要表达的意思就一目了然了。

这样,类似的题目做得多了,有时不再用画图,我的头脑中也会主动呈现出那些图像,所以做题速度也就快多了。

由此我们可以知道:男生的数学成绩好,除了与他们的右脑发达有关,与他们所掌握的正确的学习方法也有很大的关系。

学习理科科目的确需要掌握很多技巧,对抽象思维并不发达的女孩来说更是如此。我们就拿数学科目中的那些最简单的数学题目来说明:

小明有10个苹果,他比莉莉少了8个,莉莉有多少苹果?

这是一道很简单的一年级的数学题目,一年级的女生如果遇到这个题目,一遍又一遍地阅读,她们很快就会把重点放在题目中的"少了"两个字上。这样,她们就会被那些"少了"、"多了"弄糊涂,从而把这道很简单的题目做错。

而男孩在遇到这一题目时,他们会在草稿纸上不停地画,画10个圆圈表示小明的10个苹果,然后再画出8个,他们很快就能得出莉莉有18个苹果这一答案。

因此,弥补女孩思维劣势的一个好方法就是:

※让女孩学会动手,用画图的方式解决这些问题。

对于女孩来说,用图画的方式来学习数学等理科科目有两大好处:一是将抽象的事物形象化;二是可以避免阅读障碍的出现。

我们都知道,大多数女孩的抽象思维能力都比较差,对她们来说,

直接把那些抽象的、难以理解的事物在头脑中形成图像,并不是一件容易的事。所以,借助动笔,她们能够很好地清楚题目的意思。

另外,到了小学高年级,有很多数学题目常常会出现"绕弯"的现象,即难度并没有大幅度地增加,但表达方式却与以往有了很大的不同,它常常会使孩子有理不清思路的感觉。在这种情况下,如果女孩一遍遍地阅读题目,她们很容易进入阅读误区。但当女孩在做这些题目时,如果开始就用图画把题目的意思表现出来,一般就不会再出现阅读障碍了。

对于女孩来说,这是一种有效的学习理科的方法,对提高她们的学习成绩将会有很大的帮助。

方法二:确保女孩参与课堂问答

由于受到雌性激素的影响,大多数的女孩表现得很安静、顺从。这在女孩刚刚入学时就已经明显地表现出来了:女孩坐有坐相、站有站相,而且能够集中精神听课,很少违反课堂纪律;但那些小男孩却总是坐不住,他们不是做小动作,就是打旁边的同学一下,总之他们就是不能集中精神听课。

大多数的小学老师对这一阶段的女孩很满意,因为她们往往不用老师太费力气,就能够很好地合作。因此大多数的小学老师会对女孩宠爱有加,也正因如此,在小学阶段,女孩的学习成绩总是很出色。

但随着年龄的增长,老师对女孩的评价也在发生变化。到了小学高年级,很多老师就常常这样抱怨:"女孩们在课堂中太死板了","女孩上课总是不敢举手发言","没有男孩,课堂气氛就活跃不起来"……是的,在小学高年级,尽管大多数的女孩在学习成绩上仍然保持着优势,但她们好像不愿意参与到课堂互动中去。对于回答问题,她们也总是不踊跃。

是什么原因导致了女孩在课堂上如此不积极呢?

事实上,促使女孩在课堂上表现不积极的原因有两点:一是因为老师对她们的忽视;二是她们害羞,怕说错了会被别人笑话。

由于大多数的男孩在课堂上表现得很踊跃,所以老师们都愿意与男生互动,讲课时看着男生的眼睛,提问时总是叫男生回答……在通常情况下,这会引起女生的反感和嫉妒,所以她们的不积极可以说是对老师、对男生不满的一种反击。

一个正在上初中的小女孩曾这样说过:

我讨厌男生,因为他们总是在课堂上抢着回答老师的问题,就像只有他们知道答案一样。他们的喊声太大了,以至于我们女生的声音都被他们淹没了。我才不愿意跟他们抢,他们愿意回答就让他们回答好了,反正这些问题的答案我都知道。

是的,女孩的情绪是丰富多变的,她们总会出现一些莫名其妙的情绪。在课堂上不踊跃其实是她们消极情绪的一种体现。

也许有家长会说,在课堂上踊跃不踊跃并没有关系,只要她们的成绩好就行了。但现实的情况是,如果女孩长久在课堂上一言不发,或者总是把自己置身于那种活跃的课堂气氛之外,那她们永远也感觉不到听课的乐趣。久而久之,她们就会对学习失去兴趣,进而出现成绩"滑坡"现象。

当然,这也许并不是最主要的原因,在很多情况下,女孩在课堂上表现得不积极,是因为她们不够自信。每当老师提出问题时,她们或者是还没有形成一个明确的答案,或者总是羞于喊出自己的答案。因为她们的头脑中总是在思考这样一个问题:当着全班同学的面,如果说错了多丢面子呀!长久被这种不自信的想法困扰,女孩在课堂中永远自信不起来。

那作为家长,我们应该如何帮助女孩呢?

很多资深老师都这样总结:

※不管对与错,让女孩大声地喊出心中的答案。

当然,家长引导女孩在课堂上喊出自己的答案,首先应该让她们了解老师在课堂中提出问题的目的。一般情况下,老师在课堂上提出

问题都是想活跃课堂气氛,从而使学生们紧跟自己的讲课思路。所以,对于同学们所喊的答案是否正确,老师一般不会太在意,因为这仅仅是对学过知识的一种简单回顾。当女孩了解这些之后,她就不会再对回答问题抱有恐惧心理了。

另外,在平时的生活中,家长也可以引导女孩大声说出自己的想法。例如,在家庭会议上,引导女儿发表自己的意见;或者家长可以通过与女儿玩过家家的方式,模拟课堂的气氛,引导女儿大声喊出自己的想法。这样,通过多次的锻炼,女孩在真正的课堂环境中,才能很好地克服恐惧的心理。

当然,如果条件允许的话,家长可以多与老师交流、沟通,可以请老师在课堂上多给女孩一些关注,或者给她一个肯定的眼神,或者鼓励她站起来回答问题……这对女孩都是很好的锻炼。当女孩在课堂中大声喊出自己的答案时,能很好地促使她们紧跟老师讲课的思路,能够极大地调动她们听课的积极性和主动性。在这种情况下,女孩的总体成绩也将提高很多。

本节重点图示：培养聪明女孩，父母应当这样做

1. 明确女孩与男孩智力上的差异。

2. 引导女孩发现自己的数学天赋。

写在图画前面：女孩在做数学作业时，遇到了一个难题。

如果家长总是向女孩传达"女孩不擅长学数学"的观念，那这种观念就会在女孩的头脑中根深蒂固，从而促使她放弃数学；但如果家长总是鼓励女孩去发现自己在数学方面的天赋，那女孩就会对学习数学充满信心。

3. 引导女孩更多动笔。

写在图画前面:刚上一年级的女孩问家长这样一个问题:小明有 3 个苹果,还有 4 根香蕉,加在一起一共有多少水果?

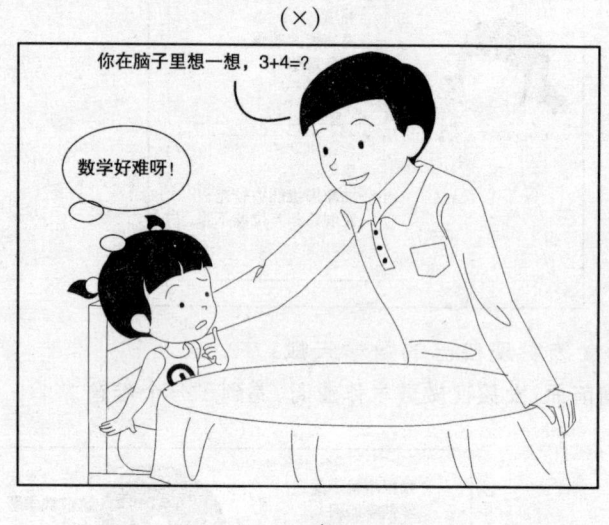

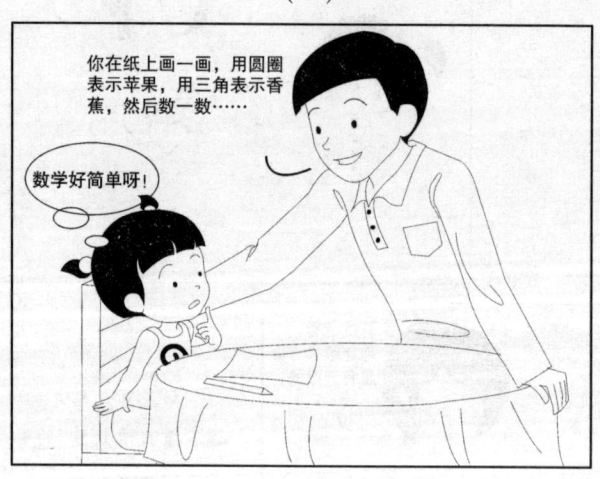

大多数女孩的抽象思维能力较弱,她们很难将一些抽象的事物在头脑中形成具体的图像。所以,在女孩开始学数学时,如果家长仅仅是引导她用脑子去想,这对她来说如同一头雾水,而且会使她产生这样的感觉:数学很难!但如果家长从一开始就教女孩把抽象的数学问题用画图的方式具体化,这会使女孩容易接受得多。

4. 鼓励女孩大声回答问题。

写在图画前面：一个上小学的女孩对妈妈说："我们班的男生上课总是抢着回答老师的问题，好像只有他们会似的，真讨厌！"

(×)

(√)

家长要鼓励女孩主动参与到课堂问答中去，因为这可以极大地调动女孩学习的积极性和主动性，有助于女孩总体成绩的提高。

5. 向女孩灌输正确的学习观。

写在图画前面:小女孩迷茫地对妈妈说:"妈妈,老师说男孩将来会做工程师,女孩将来会做作家。我是女孩,但我也想做工程师可以吗?"

(×)

(√)

来自于学校以及社会的性别偏见,常常会使女孩对学习理科失去信心。家长要时常向女孩灌输正确的观念:事实上,任何人只要认真学习,动脑思考,都能把理科学好。

父亲的教育，决定女孩的一生

一 父亲的教育——不同阶段,给女儿不同的爱

二 父亲赋予女儿的最大财富——"男性精神"

三 父亲对女儿人生的塑造——关于情感、自信和审美

引 语
yinyu

关于父亲和女儿，古老的传说中这样讲道：

女儿是父亲前世的情人，是父亲在玫瑰花园结识的美丽女子……

不可否认，父亲与女儿之间有着一种天然的默契。每位父亲在第一次看到自己的女儿时，都会有一种温暖的似曾相识的感觉，这种感觉更会让父亲情不自禁地喜爱她们。

我曾听到一位父亲这样描述自己的女儿：

她孝顺、懂事、体贴我们，学习成绩好，又擅长文艺……我没办法不去爱她，她是我的全部，是我的骄傲，也是我后半生的希望。

可以说，生活中的大部分父亲对自己的女儿都有种说不出的感觉。也正因如此，每位父亲都会不遗余力地关爱女儿、培养女儿。

那么，对于女孩来讲，父亲的这种关爱和培养又意味着什么呢？父亲的教育又会对女孩产生怎样的影响呢？

一 父亲的教育
——不同阶段,给女儿不同的爱

生活中,很多女孩的父亲都曾问过我这样一个问题:在女儿的心目中,好爸爸应该扮演怎样的角色呢?

对于这个问题,我一概会给出这样的答案:想要成为好父亲,首先要知道你在女儿心目中意味着什么、代表着什么,具有怎样不可替代的作用!

而要明确这个问题,就必须走进女孩的内心世界,了解女孩的所思所想。我曾在一个女孩的童年日记中看到这样一段话:

我很喜欢爸爸,他太了不起了。爸爸的力气特别大,用一只手就可以把我举过头顶。我也喜欢爸爸抱着我,躺在爸爸怀里特别舒服,我也不会再害怕了,而且爸爸的肩膀比妈妈的宽。

爸爸有小胡子,每次爸爸抱我,小胡子都会扎到我的脸,痒痒的,特别好玩……我喜欢和爸爸在一起,更喜欢听爸爸的话,我爱我的爸爸。

从上面的日记中我们不难看出,在任何一个小女孩的心目中,父亲都是个神奇的、与妈妈和自己截然不同的伟大人物——父亲的力气大、肩膀宽,让她感到了安全;父亲的小胡子,让她感受到了快乐;父亲略带威严的教育方式,让她更喜欢听爸爸的话……可以说,在小女孩的心目中,父亲往往代表着这样三个词汇——**安全、快乐、权威**!

由此我们也可以得出这样的结论:一个好父亲,必须做到三点:第一,让女儿感到安全;第二,赋予女儿更多的快乐;第三,规范女儿的行为,引领女儿的人生。我们可以想象,一个拥有了安全感的女孩,必然会成长为一个自信的女孩,而一个可以从父亲那里得到正确指导的女

孩,也必然会成长为一个幸福的女孩。而这些父亲教育的作用,恰恰都是母亲教育所不可替代的。

然而遗憾的是,生活中大部分女孩的父亲由于种种原因,没有扮演好自己的角色。当然,父亲们所给出的理由也是各种各样的:

"我工作很忙,养家糊口已经够累的了,哪有时间再去照顾女儿呢?"

"作为一家之主,我要在女儿面前保持绝对的权威和领导力,所以我应当与她保持一定的距离。"

"我只有做男人的经历,小女孩的心思实在是令我难以琢磨。"

……

的确,由于传统观念的影响,不仅父亲会认为自己在养育女孩的过程中作用不大,在人们的普遍观念中,父亲也远没有母亲的作用那么重大。这种情况,在女孩很小的时候就已经表现出来了。比如,女孩只是在洗浴完毕、换好尿布、穿戴整齐时,才会被送到父亲面前。至于怎样去给女孩洗澡、喂奶、换尿布、穿衣服等一些事情,大多数父亲都不会亲自尝试,他们通常只是远远地站在一旁观看……渐渐地,在人们的头脑中也就形成了这样一种根深蒂固的错误思想:在女儿的成长过程中,父亲的作用并不重要。

那么,事实是否真的如此呢?答案当然是否定的。

因为工作的关系,我就曾接触过这样两位截然不同的女性:

一位事业和婚姻都接连遭受重创的女性这样讲述自己的父亲:

我很小的时候,父母就离异了,我和妈妈生活在一起。在没有爸爸的日子里,我虽然学习成绩很优异,但内心深处却十分自卑———我知道我是一个没有父亲的孩子,是一个没有父亲疼爱的孩子。渐渐地,我开始逃避周围的一切,变得不能用理性的态度面对一切……我恨我的父亲!

一位商界女强人则这样回忆自己的父亲:

我之所以能够取得这样的成绩,我认为这与我的父亲有直接的关系。

我和爸爸的关系一直很好,我们一起玩、一起学习、一起参加各种社交活动……爸爸的爱让我自信而快乐。从爸爸那里,我学到了太多的东西,那些都是我取得成功必不可少的。我要感谢我的父亲,是他打开了我的世界,教给我闯世界的本领。

从上面两位女性不同的成长经历中,我们完全可以看出这样一个问题:那就是,她们的父亲是否合格!第一位女性的人生为什么会接连遭遇不幸?第二位女性的人生为什么又会接连迎来成功?这一切,其实都与父亲这个角色称职与否密切相关。

在第一位女性的故事中,父亲的离去让她产生了强烈的自卑感,而这种自卑感使她渐渐变得内向而自闭,甚至不能用理性的思维去看待一切。久而久之,其个性发展自然会变得偏激,影响其未来生活的幸福指数。而在第二位女性的故事中,我们却可以看到父亲的教育所起到的巨大作用——在陪伴女儿一起玩、一起学习的过程中,女孩不仅从父亲身上体会到了安全感、幸福感,更受到了男性精神的影响——坚强、独立、锐意进取,进而取得事业上的不断成功。

很多国外的研究报告也指出:**父亲的疏远以及对家庭生活的漠不关心,将使女儿建立一种不良的人际关系模式!**

为什么会产生这种现象呢?原来当女孩从小就从父亲那里得不到应有的关爱,她渐渐就会把自己和父亲之间的关系看做是一种例行公事,进而对父爱不抱过多的期望。随着年龄的增长,女孩还会将这种看法嫁接到其他男人身上,对对方的关爱表现出一种本能的抗拒和不认同……就这样,失望和愤怒的情绪往往会占据着女孩孤独的内心,自然,她的婚姻或事业也很容易陷入一种不良境地。

看到这里,很多女孩的父亲也许要说了:"我也知道父亲对女儿的成长至关重要。但问题是,我怎么总是感觉无从下手呢?"

事实上,这是任何一位女孩父亲都备感困惑的事情。正如很多父亲所说的"我只有做他人儿子的经验,我无法把这种经验转嫁在教育女儿方面",父亲在面对生理发育和心理成长与自己截然不同的女儿时,往往会有力不从心的感觉。

并且,随着女孩的渐渐长大,父亲的困惑与矛盾心理也会渐渐增多:

父亲拥有强烈的保护自己女儿的愿望,却不知道从何下手;

父亲渴望和女儿进行深入沟通,却不知道应该在什么时候、什么地方、什么情况下开展怎样的话题;

父亲渴望倾听女儿的心声,但女儿莫名其妙的心思却常常让父亲很困惑;

父亲期望自己的女儿美丽动人,却又担心她变得性感诱人,既期望她有一天会幸福地结婚,又不希望男孩过早地来到她的身边;

……

这如此多的困惑,常常让父亲感到对女儿的教育无从下手,甚至导致一些父亲放弃对女儿的管束和教育。事实上,父亲们的这些困惑都是很正常的,之所以困惑,很大一部分原因是父亲们还没有掌握父女关系发展的规律,以及如何在女儿不同的成长阶段施行不同的教育方法。

下面,我们就针对这个问题进行深入的分析和阐述。一般来说,女孩与父亲的关系,会随着时间的推移呈现出以下特点:

※婴幼儿时期——朦胧感应期——因为大部分父亲对照顾孩子表现得不知所措,所以女孩会更多青睐于与母亲的脐带关系,对父亲的爱表现出小小的抗拒心理。

※童年时期——亲密期——充满探索欲望的女孩,会从母亲的怀抱中走出,更多渴望走进父亲的世界,和父亲的关系也将进入一个最为亲密的阶段。

※青春期——疏离期——随着心理和生理的发育成熟,女孩会进入一个和父亲关系的疏离期。但在这一阶段,父亲对待女儿的态度以及方式,往往决定着女儿是自信还是自卑、是勇于进取还是消极懈怠、是踏上成功之路还是陷入黑暗旋涡……

从父女关系的发展规律中我们不难看出,在女孩的不同成长阶段,父爱发挥着不同的作用。以下我将针对这一规律,为家长们提出三点建议,以供参考:

方法一：婴幼儿时期——父亲要用更多时间来关注和护理女儿

通常情况下，孩子的婴幼儿时期是指从出生到7岁之间。当女孩处于这一时期时，常常会有父亲发出这样的抱怨：

我女儿18个月了，看到她妈妈时，她会非常高兴，咿咿呀呀个不停，小胳膊、小腿也扑腾个没完，真是可爱极了。但奇怪的是，她总是不愿意让我抱，每次我想抱她时，她都不停地哭，扑腾着小脚丫试图马上挣脱我。她好像不怎么喜欢我这个爸爸……我有那么吓人吗？

为什么女婴更喜欢母亲的拥抱，而对父亲没有"感觉"呢？事实上，答案并不复杂，之所以女孩会对父母有不同的反应，是因为妈妈总是照顾女儿吃奶、换尿布、洗澡等，女儿对妈妈的面孔、身影很熟悉，而爸爸则很少做这些事。而且一有时间，妈妈会逗女儿玩，摸摸女儿的小手指、押押女儿的小腿、亲亲女儿的小脸，这让女孩感到很快乐，并对妈妈有种特别的依恋和喜爱。而爸爸做起这些事情来，不是缺少耐性，就是显得很笨拙。

父亲对女儿缺乏应有的护理和关注，自然的，对人敏感的小女孩就会对父亲产生生疏感，对有些陌生的父亲表现出小小的抗拒。

对此，心理学专家们也做出了这样的解释：女孩对父母的亲近程度，取决于父母是否对女孩有更多时间的关注和护理。

讲到这里，也许会有家长说，以后让爸爸多抽出时间来陪女儿就可以了。请不要着急，在此之前，我们先来谈谈，婴幼儿时期的女孩，如果缺少了父亲的关注和护理会受到怎样的影响。

首先，会造成女孩与父亲关系的疏远。如果女孩小的时候很少与父亲接触，就会造成女孩在心理上对父亲产生距离感和恐惧感。在她们心中，爸爸是严肃的、有距离的，是不可亲密接触的。也正因如此，一些女孩在面对威严的父亲时，往往不敢与之说话，更不用说进一步的沟通和交流。比如——

一个小女孩，如果没有和父亲一起游戏的经历、共享快乐的经历，

那她就不知道和父亲在一起是那么的快乐,父亲是那样的和蔼可亲,并没有看上去那样令人害怕……

如果这一切都不曾发生,那在这个女孩的心中,父亲将永远是神圣不可侵犯的。渐渐地,女孩在面对父亲和其他男性时,也会变得胆小、怯懦进而委屈、顺从,并且认为这是理所应当的事实,而这显然对女孩的成长是极其不利的。

其次,缺乏父亲的关爱,女孩衡量男性的标准将变得模糊。父亲是女孩接触到的第一个男性,这对女孩形成对男性的印象至关重要。但是,由于父亲在女孩小的时候,没有花费一定的时间陪伴女孩,更没给女儿更多的关注和护理,女孩往往就会不清楚男性到底是怎样的,也不了解男性对于自己应该是怎样的。在她们心中,完全模糊了男性的形象,更不用说衡量男性的标准了。比如——

一个小女孩,如果没有被父亲单手举过头顶的经历,她就没办法知道父亲或男性应该是这样的有力气。而当她感到害怕时,她也不会知道爸爸的力气是可以保护自己的。因为她根本不清楚,爸爸是怎样的,爸爸对她是怎样的,而爸爸的责任又是怎样的……

久而久之,女孩在评价其他男性时,将没有可以参照的标准,或是根本不知道男性应该有的责任感、进取心是什么。这将导致女孩对男性怀有一些错误的认识,令她们在与异性交往时感到困惑迷惘,从而迷失在男性的世界里。

既然女孩在婴幼儿时期,缺少父亲更多的关注和护理会对她们造成如此大的影响,那么,为了避免我们的女孩受到如此种种的伤害,父亲到底应该怎样做呢?

方法很简单:父亲要多向妈妈学习,进入到女孩的世界里!

也就是说,父亲要学会换尿布、抱孩子、拍饱嗝、给女孩洗澡、帮女孩活动筋骨等妈妈们该做的事情。同时,爸爸还要学会深情地凝视女孩的眼睛,并对女儿做各种表情。

当然,爸爸们因为工作忙等各种原因,可能没有太多的时间来进行这样的事情。但是,在这里一定要强调的是:爸爸虽然可以不必长时间地为女儿做这些事,但务必保持经常这样做。如果爸爸每天都抱一抱女儿或拍着她睡觉,那女孩是不会对爸爸感到陌生的。

方法二:童年期——父亲要更多参与到女儿的生活中

一个 10 岁的女孩在日记中这样写道:

爸爸真好,我想知道星星为什么眨眼睛,爸爸就给我买了好多星星的图片和书籍,还带我去天文馆,我终于知道星星眨眼睛的原因了。

爸爸真好,每次和他在一起,我都会知道很多新鲜的东西,爸爸也总是买一些好玩的东西给我,我喜欢和爸爸在一起。

为什么绝大多数的儿童期女孩都更喜欢爸爸呢?一般来说,原因是这样的:一是因为女孩的成长进入了一个崭新的阶段——渴望独立和探索;二是因为爸爸很神秘,而且有创造力,总能带给女儿意想不到的惊喜。而这些,恰恰都是儿童期女孩最为需要和喜爱的。

除此之外,在日常生活中父亲男性精神的体现,往往也是吸引儿童期女孩目光的重要因素所在。

例如,在大多数儿童期女孩心目中,父亲是权威和力量的象征,因为他的身上具备母亲以及自己所没有的能力和力量。比如,家里的电灯坏了,父亲随便摆弄几下就可以弄好;家里出了着急的事情,妈妈焦急万分、手忙脚乱,父亲却能从容应对,这些都让女孩对父亲有了更美好的印象。

一个小女孩曾这样对她的同伴说:

我爸爸真了不起,昨天我家的水管坏了,漏了一地的水,妈妈都急得要哭了。后来爸爸回来了,我看他不慌不忙地拿起工具,三两下就把水管修好了。爸爸太厉害了,他是我心中的大英雄。

在潜移默化之中,父亲很多的男性行为,都会给女孩带去一种神秘的感觉。她们会感觉爸爸是个无所不能的神奇人物,是自己崇拜的偶像,更是自己完全可以依赖并依靠的人。因此,出于对爸爸的依赖和信任,女孩也会更喜欢和爸爸在一起——

对于爸爸的话,她们更相信。比如,妈妈说不要一个人到公园去

玩,那很危险,女孩会不以为然,但爸爸这样说,女孩就会觉得事情真的很严重,也会自然地打消这个念头。

对于爸爸的行为,她们更感兴趣。比如爸爸在修电脑,女孩会很高兴地参与到爸爸的活动中,她认为那很神奇,也很有趣。

对于爸爸的生活,她们更渴望了解。比如,这一时期的女孩会不断地询问爸爸每天都做了什么事情,是怎样工作的,并且非常愿意和爸爸一起上班,等等。

那么,为什么女孩对父亲的一切都那样感兴趣呢?

儿童心理学专家们通过研究,最终得出这样一个结论:

※在8~12岁阶段,与父亲建立一种亲密的关系,是女孩最为迫切的一种渴望。

在前面我们已经提到,女孩是非常注重自己与他人之间关系的。而通过研究也表明,在8~12岁阶段,在大部分女孩心目中,父亲都高高占据着受欢迎程度最高的位置。正是因为这样,女孩在协调人际关系时,总是把爸爸放在对自己最具影响力的地方。可以说,基本在每个儿童期女孩的内心深处都会有这样的想法:父亲是我最想要与之建立良好关系的人!

正因如此,在女孩的这一成长阶段,父亲对待女儿的态度,往往对女孩的人生起着决定性的作用。如果父亲细心且有耐心地关照自己的女儿,那么女孩将会成长得非常阳光、健康且充满自信;如果父亲粗心大意,忽略了照顾女儿的责任,那么女孩将会缺少来自父亲的精神榜样和力量源泉,变得自卑、内向、缺乏创造力和安全感……

那么对于这一阶段的女孩来说,父亲如何做才是最科学的教育呢?对此,我给出这样的答案:父亲要尽力去满足这一阶段女孩的独特心理需求!

一般来说,8~12岁的女孩子,常常在思索或筹划这样两个跟父亲有关的问题:

1. 我的表现,我的所作所为,能否达到父亲的期望?

细心的父亲都会发现,8~12岁的女孩非常想知道自己的表现以及所作所为,是否能得到父亲的认可。例如,她们常常问父亲这样的问题:"爸爸,你觉得我胖吗?","爸爸,你觉得我这样做对吗?"当女孩从父亲的口中得到认可,她们就会表现得兴奋而快乐,反之则会落落寡欢很久。

与此同时,为了得到父亲的喜爱和认可,很多这一时期的小女孩还会特意去做一些讨好父亲的事情。例如,每当爸爸下班后主动帮爸爸拿拖鞋;知道爸爸喜欢吃什么,会特意留给父亲一些,等等。事实上,女孩这一切的表现,都是缘于渴望得到父亲认可的一种心理需求。

因此,在这一时期,来自父亲真诚的称赞和夸奖,往往会极大地提升女孩的自信心。当女孩确定自己是受到父亲喜爱的,那她就会在内心深处形成这样的认知:最为权威和伟大的父亲认为"自己很好",那么自己就一定很好,就一定是优秀的。很显然,这样一种思维的形成,无疑会为女孩的未来发展铺设一条光明大道。

鉴于此,对处于儿童期的女孩来说,父亲最为重要的任务也就浮出水面了——此时父亲必须让女儿知道:**你在爸爸心目中是最棒的,你是非常令人喜爱的!**

一个女孩这样回忆自己的童年:

小的时候,我认为自己很丑,并因此而很自卑。妈妈也总是说我在某些方面不如别的女孩,这更让我感到很伤心。但是,爸爸就从不这样认为。他一直都对我说:"你是最漂亮的,你在爸爸的心中是最可爱的,谁也没有我家的女儿好。"

听了爸爸的话,我感到自己充满了力量,对于妈妈的批评也不那么在意了。从此,在很多事情上,我都会争取爸爸的意见……

的确,任何一个女孩子都不可能是完美无缺的,当敏感的女孩察觉到自身的不足,自然很容易陷入深深的自卑之中。正如事例中的女孩一样,当她感到自卑时,细心而又擅长挑剔的母亲大多会毫不留情地指出女儿的不足,令女儿更感自卑。这时候,父亲的伟大作用就凸显出来

了——在女孩心目中,来自父亲的鼓励和支持,往往比母亲的话更具有权威性,女孩也会因得到父亲的认可而变得自信起来、勇敢起来。

2. 我非常想参与到父亲的生活中。

10岁左右的女孩非常渴望参与到父亲的生活中去。当然,她与父亲之间也许有共同的兴趣,也许没有。但不管怎样,女孩就是特别渴望自己在生活中被这个特殊的男人所接纳。

例如,很多处于这一年龄阶段的女孩都有这样的深刻感触:

"我喜欢和爸爸在一起,我们一起去打球、一起去看电影、一起去上班、一起出去吃晚餐……好多事情都是我们俩一起做,只要我们在一起,我就特别开心。"

女孩为什么更喜欢与父亲一同做事呢?原因很简单,因为在小女孩心目中,爸爸是个神奇而伟大的人物。和爸爸一起踢球、一起修理坏掉的椅子等,这些都会让女孩觉得很自豪,进而感觉自己也具有超凡的价值和能力,并对自己充满了信心。这是一种能让女孩上瘾的良好感觉。

女孩一些女性特征的发展,比如,善良、友爱、关心人等,可以很好地从母亲那里得到继承。但对于男性世界的了解,以及弥补女孩个性弱项方面,这个任务必须由父亲来完成。

因此,对于这一阶段的女孩,父亲应尽可能地让她参与到自己的生活中来,多用一些时间陪伴女儿,不要因为嫌麻烦而拒绝女儿的参与。例如,你可以带领女儿一同进行很多男性活动,如修理家具、擦洗汽车、修剪花草等等。

经常与具有神奇力量的父亲一同完成某项工作,女孩又怎会不越来越优秀呢?这无疑将带给女孩一种从内到外的质的改变。

方法三:青春期——换种方式去爱你的女儿

青春期的女孩与父亲,既可以建立良好的父女关系,也可能关系破裂。

大多数青春期女孩面对自己身体的突然变化,会有这样的疑问,"为什么我的身体会发生变化?别人对此怎么想?我是否还具有吸引力"……此时,她们会非常在意别人对自己的看法,尤其是来自爸爸的意见。

一个女孩这样回忆自己的青春期经历:

记得在那段时间,我特别讨厌自己,怎么突然变成那个样子?……而且我特别在意我爸爸,每次面对他我都有些不自在,也很尴尬。我怕爸爸发现我的"异常",不再喜欢我了,也不再和我一起玩了……那个时候,我真的是挺痛苦的。

面对身体的自然发育,大部分女孩会感到不自在,尤其是面对爸爸时。她们会认为爸爸知道了自己的"秘密",不再愿意和自己接触,比如,一起学习、一起玩;爸爸也更不愿意和自己亲近,比如拥抱、亲昵。与此同时,她们和爸爸的关系也会随之发生很大的改变。如,她们不愿意像小时候那样,整天缠着爸爸,让爸爸背着、抱着,不时用小嘴在爸爸的脸上亲来亲去……

这个时候,女孩会不自然地远离爸爸,不愿意靠近他,也不愿意把自己的心里话对他说,随之渐渐地疏远了父亲。

而在父亲这方面也有同样的感受。面对在身体上明显成熟的女儿,爸爸也会在意自己的行为举止——在与女儿拥抱时爸爸会感到不舒服,在与女儿交谈时爸爸会尽力避开女儿的眼神……渐渐地,父亲也在不自然地疏远与女儿的关系。

可以说,以上双方面的原因,最终造成了青春期女孩与父亲关系的疏离!

但值得注意的是,女孩的青春期并不是一帆风顺的航程。可以说,此时的女孩处于最容易出现心理问题的危险时期,她们常常会因为缺乏理智的判断而最终做出错误的选择,使自己受到伤害。而在这个阶段,作为女儿身边最亲密的男性、一个更能用理性思维思考问题的男人——父亲对女儿的信任和理解对她们更为重要。

但糟糕的是,此时的父亲们,大多数不知道如何处理自己与女儿之间的关系。此时,父亲们常常会选择扮演这样两种错误的角色:过度保护型父亲和放任自流型父亲。

过度保护型父亲——

女孩进入青春期后,最先感到头痛不已的人往往是父亲。很多父亲因女儿的柔弱而提心吊胆,生怕她们受到外界任何的伤害。于是,他们不得不随时跟在女儿身后,帮助其扫除可能发生的各种不安全隐患。

一个15岁的女孩这样讲述自己的父亲:

不知道从什么时候开始,我爸爸变得神经质了。我说放学和同学一起回家,他说那不安全,非要接我一起放学。我告诉他不要来,但爸爸仍坚持跑那么远的路接我回家,理由是,女孩那么晚回家不安全。

我和我们班的一些男孩关系特好,我们经常在一起玩。每次父亲看到了,回来都会用异样的眼光看我,还跟我说一些莫名其妙的话。我们只是普通朋友关系,他却弄得那么复杂。有时候真是很烦。

事例中的父亲警惕性非常强,像一个手持猎枪随时待命的猎人。我们说,从男性思维的角度出发,这位父亲的担忧是必要的。但当这种担忧转变成对女儿的各种怀疑和限制,问题就开始变得严重起来了。

父亲要知道,保护和过度保护之间只有一线之隔,跨过去,不但不能帮到女孩,还可能伤害到她们。过度的保护,会破坏女孩内心的真挚情感。特别是在青春期这样一个容易叛逆的年龄,父亲过于严格的管束,还有可能促使女孩产生"试试看"的错误思想和行为。

放任自流型父亲——

处于青春期的女孩,有时候对父亲来说是紧张、痛苦而又充满疑惑的。很多不负责任的父亲很可能觉得自己再也不能承受,便彻底放弃了对女孩的管束。但如果说过度保护型的爸爸对女儿不利,那么放任自流型的爸爸就更糟糕了。

一个女孩这样回忆自己的经历:

小的时候我和父亲非常亲密,他是我最喜欢的人。但我到了13岁时,爸爸突然和我疏远起来,他不再拥抱我,不再和我一起玩,对于我的一切他都不关心、不感兴趣,他变得那么冷酷和陌生。

为了夺回他的注意力,我和朋友一起逃课去打游戏、吸烟,我让追求我的人围在我身边……可是,我发现他还是对我不屑一顾,我真是很生气。

父亲的放任让女孩染上很多不好的习惯,而这都是为了引起父亲的注意,这是多么可怕的一种事实啊!但这样残酷的现实的的确确存在于我们的身边。当女孩感觉不到父亲的爱时,她就会尝试用坏的行为去吸引父亲的注意。当这种尝试习以为常,就会成为女孩根深蒂固的一种行为习惯,再难改正。

由此可见,在女孩青春期时,父亲撒手不管,对女儿的行为无动于衷,对女孩是一种伤害——父亲的放任,会让女孩走向人生"坏"的一面。

综合以上两种父亲的角色,我们不难发现:父亲的过度严厉或过度放任,都会破坏女儿的幸福,给她们带来不利的影响。同时,也会破坏父亲与女儿之间的关系,导致女孩做出很多我们不愿意看到的事情。

事实上,处于"危险"时期的女孩,是非常渴望得到父亲的理解和帮助的。女孩需要从父亲那里得到信心和鼓励,让她确信自己正经历的事情是自然的,确信父亲仍然像过去一样爱自己。可以说,父亲——女孩生命中的第一个男性,他的必要任务之一就是:为女孩提供一个安全的港湾,女孩可以在这里松口气:"我很好,父亲认为我很好。"然后信心满满地度过青春期。

由此可见,女孩能否成功地度过迷茫的青春期,父亲起着非常重要的作用。那么,此时的父亲,应该怎样做才能让女孩健康地成长呢?

对此,答案是这样的:

※如果父亲能够保持同女儿的密切联系,那女孩青春期的很多问题就都可以迎刃而解。

也就是说,父亲要像以往一样和女儿保持密切的联系,不要因为女孩身体的发育,就拒绝碰触她、亲近她。此时,父亲可以完全不把这当回事,也不要觉得不好意思。父亲要在心里有个清醒的认识,女儿早晚是要长成这样的,进而赶快接受女儿的新变化,不要让这个成为阻

断父亲与女儿关系的鸿沟。

同时,父亲还要像平常那样和女儿一起玩耍、一起参加活动……尽可能多地与女儿交流和沟通。

一位父亲这样分享他的育女经验:

在女儿青春期的时候,我几乎每天都和她在一起。我发现父女俩可以一起完成的事情有很多,比如,一起学习、一起打羽毛球……

有一次,我们一起去游泳,我发现女儿有点不好意思。我装作若无其事的样子,然后找机会对她说:"我很高兴我的女儿已经长大成人,我支持你在这个世界上走自己的路,爸爸永远和你在一起。"

说完这些话后,女儿惊讶地看着我。我知道,她被我感动了。自然,此后我们的关系变得更好了。

父亲简单的几句话,为什么会对女儿产生如此之大的触动呢?

原因很简单,因为父亲通过自己的语言与行为,告诉了女儿这样一个事实:第一,父亲接受女儿,承认女儿是个大人了;第二,父亲与女儿以同等的身份对话,女儿享有发言权;第三,父亲会永远支持女儿,相信女儿;第四,父亲永远爱她,永远和她在一起……父亲的话虽然很简单,却可以算是女儿的"成人礼"宣言。对于女孩,这个宣言的意义和作用将是任何东西都无法代替的。

本节重点图示:不同阶段,父亲如何给予女儿不同的爱

1. 婴幼儿期——父亲要用心关注和护理女儿。

(×:更多寻求女孩母亲的帮助)　　　(√:给予女孩更多父爱)

处于婴幼儿时期的女孩之所以更亲近妈妈而对爸爸有陌生感,往往是因为爸爸没有抽出大量时间来陪伴女儿,并在照顾女儿时缺乏足够的耐心。因此,在这一时期,爸爸一定要多用一些时间来护理女儿,比如给女儿喂奶粉、哄女儿开心等,这些都有助于建立良好的父女关系。

2. 童年期——父亲要参与到女儿的生活中。

(√:参与到女儿的游戏中)　　　(×:拒绝参与女孩的游戏)

童年时期的女孩非常渴望得到爸爸的关爱,玩游戏的时候非常渴望爸爸能够加入。这时候的父亲如果总是推卸自己的责任,不仅不利于女孩"男性精神"的培养,而且也会渐渐造成父女关系的疏远,在女孩的心目中,也将渐渐形成一个"冷漠的父亲"的形象。

父亲是女孩人生中遇到的第一位男性,他的一举一动都会对女儿产生很大的影响。如果父亲能够树立正确的榜样,那么女儿就能够明确男性的责任和义务,同时,更会加深对父亲的爱戴和尊敬。

3. 青春期——换种方式,去爱你的女儿。

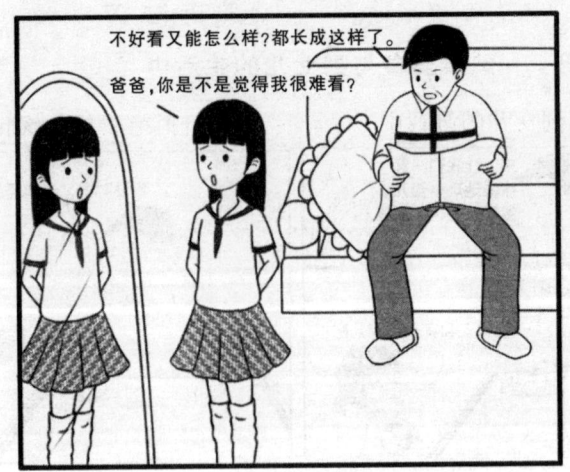

爸爸的话通常具有权威性，女孩也非常想确认自己在父亲心中的形象。如果父亲能够时常给女儿赞美和鼓励，那么这将十分有益于女孩树立自信心。"至少爸爸认为我很好"的想法，往往会令女孩开心、自信地生活。

青春期的女孩，特别需要从父亲那里得到更多关爱，这不仅有助于女孩树立自信心，更能让女孩坦然面对自己身上发生的一系列生理和心理上的变化。这时候，父亲说出"女儿长大了，我为你感到骄傲"，是女孩成长过程中最为重要的一个"成人礼"。

二 父亲赋予女儿的最大财富
——"男性精神"

在前面的讲述中,我们了解到——父亲对女孩以及女孩的人生具有非同小可的影响。

然而遗憾的是,生活中的大多数女孩却得不到来自父亲的关爱。国外的一项调查显示,有将近一半的女孩子在她们早期的生活中,有一年或是更长时间是没有父亲陪伴在身边的。

调查给出的结论是,如果女孩在成长中缺乏父亲的照顾,她们很可能有更多以下的经历:

有在身体上遭受暴力行为的经历,如殴打、性侵害等。

在今后的生活中发生离婚或家庭不和等状况。

教育程度较低,受到他人的孤立和排斥。

虐待孩子和在家庭内实施暴力行为。

与同龄人相处中产生许多问题。

产生感情和行为上的问题,如早恋、早孕等。

生活贫困,经济收入不稳定。

犯罪率和自杀率较高。

为什么缺少了父亲的陪伴和呵护,会给女孩的人生带来如此多的问题呢?其实,原因主要有两点。

首先,父亲是女孩生命中遇到的第一个男性,如果父亲角色缺失,就会造成女孩对异性存在很大的幻想,并且持有一些错误的看法。因此,父爱的缺席也就降低了她们与人交往的能力,使其在感情和心理上容易出现极端的想法。

其次,父亲是家庭中规则的制订者和执行者,如果女孩没有得到父亲的特别关照,她们的内心对规则是模糊的,不知道如何做是符合常理的。同时,她们更易从男性身上学习到的进取心和独立性等优秀特质,也没有被充分地调动起来,使其在学习能力、生活能力上都明显偏低。

对于女孩来说,这些经历无疑给她们的人生蒙上了灰色的阴影,是造成女孩具有以上种种不幸经历的主要原因。

我认识的一位中学教师,曾这样讲述她的一个学生:

我有一个女学生,她的问题太典型了。她学习成绩差,和大多数同学合不来,整天和一些社会上的闲散人员混在一起,学会了喝酒、抽烟、打游戏等,还参与打架斗殴,甚至是赌博……她是我们班的问题生,关键她还是个女孩。

我家访去她家里,这才了解到,原因都在他的父亲身上。她的父亲没有文化,嗜酒且好赌成性。每次输钱、醉酒后都会打人,打她的妈妈也打她。大概在一年前,她的父亲突然消失了,再也没有回过家……

可以想象,一个嗜酒好赌成性、醉后打人的父亲会给女儿的心理蒙上怎样的阴影。在女孩的心目中,父亲本应是阳光、伟大、魁梧、无所不能的神奇人物。然而,这样一个令她钦佩的人,竟然让她如此失望……在女孩内心形成的强烈反差,无可置疑地扭曲了女孩对男性形象的认知、对人生的认知,进而影响其人生观、世界观的正确形成。这种种的一切,无疑容易促使她形成偏激的人格、产生极端的行为。

讲到这里,也许很多家长会问,父亲应该怎样做,才能更好地陪伴女儿,并与女儿建立更深厚的感情呢?

儿童心理学家给出了一个明确的答案:

※在女儿的生活中,或家庭生活中,让父亲的出席成为一种礼物,同时,这也是建立父女感情的纽带。

那什么是"父亲的出席"呢?

也就是说,父亲要保持时刻出现在女儿的生活中,包括日常吃饭、

睡觉、玩耍、学习、活动等等。只要女儿在做的事情,都尽量要有父亲的影子,父亲的言谈举止要渗透到女儿生活中的各个角落。例如——

女孩每长高一点点,都要有父亲的欢呼;

女孩每取得一点成绩,都应该得到父亲的赞许;

女孩的每一个委屈,都应该有父亲的安慰;

……

简单来说也就是,在女孩的成长过程中,父亲必须在女儿需要的时候及时出现;关于女孩成长中的一切,父亲必须积极参与,并进行适当的帮助。只有这样,我们的女孩才可能从父亲那里得到健康成长所必需的养分。

有这样一个发生在女孩和她父亲之间的场景:

"爸爸,我们下星期有朗诵会,我报名参加了,你和我一起去,好吗?"8岁的女儿问。

"当然好了,乖女儿,爸爸一直支持你。"爸爸回答。

"太好了,爸爸真好,我一定要拿第一名。"女孩坐在爸爸的膝盖上,不停地亲吻着爸爸的脸。

但是,到了朗诵会的那一天,爸爸由于工作的原因没有去参加。虽然有妈妈来代替,但女孩还是没有发挥好,比赛成绩很糟糕。女孩委屈地哭了……

有的家庭的确会发生类似的事情。我们说父亲的确有自己的原因,也有更重要的责任。但是,因为父亲的失约、父亲的缺席,女孩失掉了在她心中最重要的力量支柱,最终影响女孩的不仅仅是比赛的结果,还有女孩对于父亲的信任度以及自身的信心。

研究表明,如果父亲在女儿的活动中一再爽约或缺席,那么,女孩对父亲的感情将会慢慢淡化。在女孩日后的成长中,父亲对她来说也会变得不再重要。

也许有父亲会说,我已经意识到了这一点,我也想尽量抽出时间陪女儿,但我的工作太忙,我要养家糊口,我又能怎么办?虽然我没能尽到做父亲的义务,但是我可以用其他方式来补偿我的女儿呀!

事实上,生活中的大部分父亲出于对女儿的内疚感,常常对女儿进行补偿。而且,他们的方式几乎是相同的——给予女儿更为丰富的物质生活。如,不惜重金为女儿买任何她们想要的东西,给女儿大把大把的零用钱。殊不知,这样做的结果恰恰与父亲们的初衷背道而驰。长此以往,渐渐地父女关系就会掉进金钱的陷阱:女儿只看重父亲的钱袋,父亲只会用金钱弥补对女儿的亏欠。

于是,父亲与女儿都不再探究感情和精神上的交流与分享,而只把眼光停留在浅层次的物质满足上。当然,这也是很多经济条件好的家庭最易出现的问题,即父女感情或母女感情不好的一个主要原因。

事实上,我们在这里强调的"父亲出席",更多指的是父亲与女儿之间进行更深层次的感情和精神的交流。在与女儿的相处中,父亲把自己男性独特的品质和内涵传递给女儿,形成女儿完整的人格。而这需要父亲拥有更多耐心,并做到更加用心,才能实现。

一位母亲这样描述她的女儿和丈夫之间的关系:

女儿和丈夫的关系特别好,远远超过我。我常常在旁边看着,他是怎样和女儿一起交流和玩耍的。他常和女儿一起交谈,对于女儿所有的"心事"他都特别了解;女儿第一次参加学校表演,他请了假去参加……

而女儿在与爸爸的相处中,也学到了很多的东西,我明显感觉到她比其他的女孩更坚强,遇事不慌乱,还很有主见……总之,女儿真的很优秀,我知道这都是她爸爸的功劳。

可以说,事例中的"父亲出席"是成功的。他不仅花时间与女儿亲近,倾听她的心声,更与她一起玩耍、跳舞、跑步、训练、给予她安慰和保护,这些都是父亲与女儿加深感情的有效方法。而这样的感情交流不仅会让女孩有种安全感和满足感,更会令她将感情完整地寄托到父亲那里。可以说,与母亲比起来,父亲是女孩在这个世界上更为坚强的后盾。

此外,"父亲出席"赋予女孩的人生财富还不止这些。儿童心理学家对此做出了详细的解释:**在父亲的陪伴下成长,女孩能够充分体会"男性精神"的真正意义!**

所谓的"男性精神"指的是男性具有的明显的特征和精神,比如,坚强、勇敢、独立性强、理性等。这些优秀的男性品质,常常蕴含在父亲日常生活的一言一行中,女孩只有从父亲那里才能更深刻地体味到这些词语的真正意义。

下面,我们将挑选父亲在"男性精神"方面对女孩影响比较明显的几个角度来分别阐述。

方法一:男性精神之——将爱藏在心里,让女孩成为独立的人

父亲和母亲对女孩的教育理念和教育方式,往往是截然不同的。例如:

一个七八岁的小女孩向父母提出要与朋友去家附近的一个公园玩耍。

母亲的回答常常是这样的:太不安全了,如果去也是妈妈陪你去。

父亲的回答常常是这样的:你可以去,但一定要注意安全。比如,过马路的时候要……

家庭中对于女孩独立的问题存在很大的争论,这个现象非常普遍。通常的情况一般是这样的:爸爸希望女儿尽早学会独立,而妈妈仍坚持要保护她。

对于这个问题,我们不能只简单地用谁对谁错来做出评判。从母亲的角度来讲,担心女儿出现闪失,这是十分能够理解的。从父亲的角度来说,让女儿从小就学会独立,更是无可厚非的。但问题的重点在于,哪种方法才更有利于女孩的成长呢?

毫无疑问,答案当然是后者:**父亲关于独立的教育,更有利于女孩的健康成长**。

在这里我们需要提到的一个问题是——女孩到了该学会独立的年龄了,那么,这个年龄是怎样界定的呢?

我们来看看专家的说法:女孩用大哭大闹来达到目的的做法,一般在5岁左右就不用了,在那以前她们拥有的只是象征性思维。在女

孩7~8岁左右,她们开始出现理性思维能力,能够稍理智地看待一些问题时,父母可以引导和教会女孩自己做一些事情。

这也就是说,**在女孩出现理性思维能力的时候,即在女孩8岁左右,父母就应适度地培养其独立精神。**

对于培养女孩的独立性,父母都有一定的责任和义务。但在这方面,父亲的作用会日益凸显出来。国外的一项调查研究也显示:女孩在成长过程中与父亲的关系越好,其独立性越好。

为什么会有这样的结论呢?其实,原因可归结为以下几点:

首先,由于父亲自身的男性角色,在独立性方面有着天然的优势。如,父亲特立独行的个性,喜欢一个人独来独往,一个人静静地看报纸,不喜欢与很多人聊天,不喜欢吵闹……这些都可以让女孩在与父亲的相处中,潜移默化地领会到"独立"的意义。

其次,父亲在家庭中的责任分工,让女孩感觉到父亲有着比母亲更为独特的角色任务。比如,家庭中换煤气、背着米上楼、修理坏掉的电器等,这些都是由父亲一个人做的,这会让女儿很是钦佩父亲这位了不起的"独行侠"——一个人可以把所有的事情都解决,父亲是有超能力的。

第三,父亲在家里有着绝对的权威和决策力。在遇到任何大事小情方面,父亲通常不发表意见,只是独自在思考,一旦父亲做出了决定,就必须去实行。这些都在影响着女孩对父亲的理解。在女孩的心中,父亲是独自可以做好很多事情的人,父亲是无所不能的。

渐渐地,父亲的男性形象就在女儿心中根深蒂固了:父亲是"独立"与"能力"的综合体!自然的,女孩也会十分渴望成为父亲那样的人。于是,女孩按照父亲的样子去做,学着去独自处理问题,独自面对问题……在潜移默化中,父亲对女孩的独立性方面产生了莫大的影响。

看到这里,很多父亲也许会发出疑问了:我在家里已经很好地担当了自己的男性角色,为女儿做出了好的榜样,可为什么我的女儿依然依赖性很强,缺乏独立性呢?

其实,这个问题的答案很简单:大多数父亲出于对女儿的疼爱,过

度满足女儿的依赖需求。

在锻炼女孩的独立性、遏制女孩的依赖性方面,一位父亲为我们做出了很好的榜样:

有一件事让我记忆特别深刻。在女儿读小学一年级的时候,那天老师留的作业特别多,一直到晚上十点了,她还没有做完。

我一直坐在她旁边,明显感觉到她已经很困倦了。最后,女儿哀求地对我说:"爸爸,你帮我把这一页字抄下来吧,我太困了。"望着女儿困倦的面容,我一边心疼,一边责怪老师。但是那一次,我并没有满足她的请求,我摸着女儿的头,一边给她擦眼泪,一边对她说:"莉莉,爸爸永远爱你,但是自己的事情要自己完成,爸爸不能替你做……"

在大多数父亲的心目中,女儿是娇弱的,是需要自己保护的。特别是当女儿泪水涟涟地提出请求,父亲一般很难做到拒绝。但此时的父亲却必须清醒了,自己的过度帮助,是否有助于女儿的成长呢?就拿故事中的小女孩来说,如果父亲在她的哀求下帮助她完成作业,很自然的,以后遇到任何困难,她都会把困难原封不动地交到父亲手中。长此以往,女孩往往会丧失自己独立做事的能力,失去迎接和面对困难的勇气。

故事中的父亲是明智的,他既鼓励了女儿要自己付出努力,独自应对困难,又充分表达了自己对女儿的爱。当女孩从父亲的"拒绝帮助"中读出了浓厚的父爱,她自然会鼓起十倍的勇气去面对困难,并加深对父亲的尊重和爱戴。

其实,我们完全可以将这位父亲的经验概括为这样一句话:将爱藏在心里,强化女儿的独立性!

在此,我要插入一点题外话。很多父亲常常会问我这样一个问题:什么样的父亲才是好父亲?

对此,我以为,答案虽没有一定之规,但却有一定规律可循:**好父亲应该是可爱而可敬的,是威严而充满爱意的,是能够让长大成人的女儿说出"我要深深感谢我的父亲"的人!**

如何才能得到女儿未来的这种感谢?方法也只有一个:给予女儿更多幸福生活的能力!哪怕这会让娇弱的女儿暂时受一些小小的委屈。

方法二：男性精神之——用"冒险"活动激发女孩的乐观精神

相比较男孩而言,很多人会对女孩有这样的印象:女孩不乐观,女孩总是郁郁寡欢,女孩心胸相对狭隘,遇事喜欢想不开……

细心的家长也会发现,女孩在不同的年龄阶段,会有不同的此类表现。比如:

女孩婴幼儿时期,会因为有人分享自己的东西而大哭大闹,包括父母的爱、食物、玩具等,她们会表现得很小气,且爱发脾气;

女孩童年时期,她们有时会独自对着天空发呆,郁郁寡欢;

女孩进入青春期,她们会变得对人对事都很挑剔,不善于以平和的心态看待周围的人和事;

……

从女孩的种种表现我们不难看出,由于大脑结构导致的思维方式的巨大差异,相比男孩而言,女孩可以说天生就缺少一种乐观主义精神,缺乏一种豁达开朗的个性。

那么,乐观精神对女孩而言又意味着什么呢?

毫无疑问,乐观可以带来更多的欢笑。当女孩缺乏应有的乐观精神,就会对身边的幸福和快乐丧失感知能力。例如,悲观的女孩往往会因为阴雨绵绵而伤心感叹,却不能发现雨后彩虹的美丽……当这样的女孩渐渐长大成人,她也会更多看到生活中阴暗的一面,抱怨、不满、郁郁寡欢是她的常态。

对于任何一个女孩来说,不能更多感知生活中的快乐,都是最为悲哀的一件事情。那么,作为女孩的父母,我们又该如何去弥补女孩这一天生的不足呢?

这还需要女孩的父亲帮忙。

为什么是父亲而不是母亲呢?原因很简单,因为相比女性而言,男性更具有乐观精神,而且男性的这种乐观精神更具有可传递性。例如,女孩和母亲在一起的时候,多半是循规蹈矩的,她们之间的相处场景

更多体现的是温馨与和睦。而当女孩与父亲在一起活动的时候,情形就不一样了,大声的欢笑、愉悦的呐喊往往是他们之间最常见的一幕。可以说,在与父亲的相处过程中,女孩对快乐的感知能力要提升得更为迅速。

那么,作为女孩的父亲,在日常生活中应该怎样来做呢?答案虽简单却很有效,那就是陪伴女儿参加一些具有冒险性的活动、游戏等。当然,这里的"冒险性"是不能与"危险性"划等号的,只要是女孩未曾尝试过的事情,都可以算带有"冒险性"的。

对此,一位父亲这样分享他的经验:

女儿8岁的时候,一次,我在修理一把旧椅子,女儿一直在旁边津津有味地看着。当时我做得很不顺手,就要求女儿和我一起修理。她非常乐意,还主动帮我扶钉子,就这样我们一起鼓捣了半个下午。

虽然在叮叮当当中,会有一些小磕碰,但我们都没有注意到这些。我们一起商量着该怎样做,然后一起动手。我发现,女儿笨拙的动作那么可爱,而她的笑声也从未停止过⋯⋯

为什么小小的修理工作会给女孩带来如此多的快乐呢?原因是这个小小的"冒险"活动,带给了女孩从未有过的挑战性和新奇感,而这种从未体验过的新鲜感受自然会激发小女孩体内的快乐细胞,令她备感快乐。

生活中类似这样的小冒险还有很多,父亲们一定要注意去发现。比如,带女孩去看一些自然景观,去公园或湖边给女孩找小石头、新奇的花草,和女儿一起泼水,把鞋弄湿⋯⋯对女孩来说,这些活动都称得上一次冒险之旅。女孩从中收获的将是无限的快乐和愉悦,自然而然,乐观、开朗也就成为了她们固有的个性之一。

值得提醒的是,在"冒险"的过程中,无论遭遇到什么样的问题,父亲都必须对女儿说这样一句话:"我相信你,你能行,我知道你能做到⋯⋯"父亲的鼓励与信任,往往会成为女孩积极向上的强大动力。

在最后,我们还需要提及的是:**对于培养女孩的乐观精神,除了父亲要经常带领女儿进行一些"冒险"活动以外,还有一个很好的方法,**

那就是——在游戏比赛中,父亲要适时地输给女儿一次。

一位父亲这样总结自己的经验:

以往我和女儿一起进行比赛游戏,比如下棋、打乒乓球等活动时,我都是最终的胜利者。时间一长,女儿开始不高兴了,她开始抱怨:"和爸爸一起玩儿,最没劲了。"并拒绝再和我进行这类的比赛游戏。再后来,女儿甚至开始抱怨自己什么也做不好,认为自己各方面都很差劲……

我意识到,自己的方法的确是有些问题。这以后,每当再和女儿进行比赛游戏的时候,我都会适当地"耍一回巧"——在保持大部分胜利的同时,故意输给女儿几次。一段时间下来,女儿每次都会对此类游戏跃跃欲试。我知道,这小小的胜利,令她体验到了一种前所未有的快乐……

在任何游戏中,如果女孩总是体验到输的滋味,那她必然很难在这种活动中感到快乐。正如事例中的女孩一样,因为总是输家,她甚至会怀疑自己的能力,对自己做出"在各方面都很差劲"的错误评价。故事中的父亲很是明智,自己的偶尔谦让,不仅可以调动女儿参与游戏的积极性,更可以让女儿深刻地感受到胜利的喜悦。而这种喜悦,往往会成为女孩乐观精神形成的源泉。

特别值得提及的是,父亲在女儿心目中往往代表着力量与能力。在与爸爸的竞赛中赢得了胜利,对于女孩来说,这种自豪的情绪、快乐的感觉是无以言表的。女孩也会因此对任何事情都能做到积极进取、努力拼搏……可以想象,这样的女孩又怎会没有感知和创造快乐的能力呢?

方法三:男性精神之——引导女孩形成自我约束力

细心的家长会发现,在孩子很小的时候,他们常常会犯各种错误,比如,对大人没有礼貌、摔东西、打人、骂人、说谎等。当然,孩子们会发生这样的事情,与他们年幼无知有一定的关系。同时,另外一个重要的原因则是,小孩子缺乏自我约束的能力。也就是说,他们自己根本没有办法约束自己。

一般来说,对女孩进行各种事项的训练和约束,较之男孩要容易

些。因为在人们的普遍印象中,女孩比男孩更听话、顺从、好管理。也正因如此,很多家长忽略了对女孩的训练和管束,以为她会自觉懂得各种礼仪、规矩。于是,更严重的问题也就出现了——随着时间的推移,父母会渐渐发现这样一个难以改变的事实:为什么长大后的女孩反而不懂规矩呢?

一个女孩的母亲就曾发出这样的抱怨:

女儿小时候可听话了,我们让她讲卫生,她就讲卫生;我们让她不说脏话,她就不说脏话……现在倒好,青春期的她不但人长高了,个性也改变了,懒惰到房间乱七八糟也不知道打扫,甚至还时不时地冒出几句脏话。我的女儿怎么了?

为什么女孩小的时候会表现得更为懂规则呢?其实原因我们在前面也曾经提及过——因为小女孩更注重人与人之间的关系,很多时候,为了迎合父母的期望,她们会表现得更为合作和配合。但问题是,为了迎合父母期望的这种顺从和乖巧,往往是不能维系长久的。被小女孩隐藏起来的逆反情绪,到了青春期这个多事之秋,往往会以更为激烈的形式表现出来。这也正是事例中长大后的女孩突然变得不懂规矩,甚至是与从前自己的良好表现截然不同的根源所在。

正因如此,女孩父母必须认清这样一个事实:**我们的小女孩很听话、很容易管教,并不意味着她不需要规则的约束;父母必须在女孩年龄尚小的阶段,就对其进行自我约束能力的训练。也只有这样,我们女儿的良好表现才会从小到大始终如一。**

而在训练和维持女孩自我约束能力的方面,正如家长们所普遍认为的一样:爸爸比妈妈做得更好。

为什么会有这样的结论产生呢?下面我们就来详细说明一下。

在大部分家庭中,妈妈通常是比较温和的,一般会采取语言说教的方式去约束女儿。但不可否认的是,大部分妈妈会犯一个相同的毛病,那就是:同样的话反复地说。比如,对于女儿的一些行为妈妈表示反对,她会说:"你不要这样,这样不好,不要再这样做……"而且,经常性地这样对女儿说。这样做常常会出现两种截然不同的结果:好的结果是,女孩提高自我约束能力,放弃原来不好的行为;不好的结果是,女孩对妈妈的唠叨感到厌烦,进而对妈妈的管教失去信心。而且,随着女孩渐渐长大,这种负面结果出现的几率也会越来越大。

在大多数女孩的心中,爸爸是严厉的、有威信的,因为父亲更多的时候会采用强加的方式,来教会女儿怎样去做,如何去做。如,父亲常会用一种比较强硬的口吻对女儿说:"现在,你的做法是无理取闹,你必须马上停止。"这会让女孩因爸爸的强硬态度,不得不放弃原来的想法和做法。久而久之,女孩在父亲面前就会不自觉地打消一些"坏念头",她们的自我约束能力也将随之得到提高。

为了证明父亲对女儿的约束力更高,儿童心理学家们曾做过这样一个试验:

把若干名女孩分成两组,她们都是因为同样的原因哭泣。第一组由妈妈负责照顾,第二组由爸爸负责,他们的主要任务是制止女孩的哭闹行为。

研究结果显示,第一组中,妈妈们费了很多力气才制止住部分女孩的哭泣,成功率仅有58%;而第二组中,爸爸们并没有明显的动作,只是站在那里,很多女孩就停止了哭泣,成功率达87%。

而后,试验又继续进行了若干周,两组女孩仍然由母亲和父亲分别负责照顾。在以后的几天中,一种奇怪的现象出现了:由妈妈负责照顾的一组中,女孩哭泣、任性的比率要高很多,她们的自我约束能力很低;而在爸爸负责照顾的一组中,这个比率则很低。

为什么妈妈使尽浑身解数也很难制止女孩的哭泣,而爸爸仅仅是站在那里就会得到很高的成功率呢?为什么爸爸所照顾的女孩,自我约束能力会更高呢?原因正如我们上面所说的,父亲的严厉或者说父亲的形象,相比母亲来说,更能够对女孩的行为构成威慑力。而这样的威慑力,显然对培养女孩的自我约束能力更具实际效果和长久效果。

看到这里,很多父亲也许会感到困惑了:让父亲去约束女孩的不良行为,就必然会对其严厉,这种严厉会不会伤害到我们娇弱的女儿呢?

父亲们的这种担心是十分必要的。我们所强调的父亲要更多培养女孩的自我约束力,最重要的一点就是掌握一个度。也就是,什么时候该严厉、什么时候该温和,父亲必须能够灵活地协调和掌握。

对此,我的建议是这样的:**生活中的大部分时间,父亲应该是和蔼可亲的;而在特殊时刻,父亲也要适时表现自己严肃的一面**。之所以大部分时间要和蔼可亲,是为了满足女孩对"更多关爱"的需求,女孩只有知道父亲是爱自己的,才会由衷地喜爱父亲并遵从父亲的管束;而特殊时刻的严肃,则是为了树立父亲应有的权威,有利于规范女孩的行为。

关于此,一位父亲的经验是这样的:适时与女儿进行一次"严肃谈话"。以下是他的原话:

我和女儿的关系一直很好,属于亲密朋友的那种。当然,女儿也会像其他女孩一样,喜欢和我撒娇,喜欢和我任性一下。但女儿的这种撒娇和任性,却从未影响过我对她的管束和教育。这当然要归功于我的巧妙方法——适时与女儿进行"严肃谈话"。

一次,她妈妈让她帮助刷碗,她表现得很不情愿,还一直在抱怨:"为什么妈妈不刷,却让我刷……"事后,关于是否应该承担一定家务的问题,我与女儿进行了一次"严肃谈话"。我问女儿:"你说妈妈每天上班回来后还要做饭,是不是很辛苦?作为妈妈身边最为亲近的人,我们是否应该帮她做些什么呢?……"那一次,我和女儿谈了很久,从家务的承担到人生的责任,话题很是广泛。此后,女儿便很自觉地承担起了刷碗等一些家务事。

在以后的日子里,我和女儿之间这种"严肃谈话"总是间或进行着,每次谈话之后,我都发现女儿似乎长大了很多。

为什么事例中父亲的这种"严肃谈话"会对女儿产生很大的效果?其实,原因有二:一是,这是建立在父亲与女儿亲密关系基础上的,因为父亲让女儿感觉到了可亲、可以依靠,所以女儿才会更听父亲的话;二是,"严肃谈话"的氛围,让女儿感受到了父亲威严与权威的一面,所以也就更容易接受父亲的建议。而且,父亲与女儿之间的这种"严肃谈话",更会令女儿深刻感受到父亲可敬的一面,从而发自内心地尊重父亲、认同父亲。

很多父亲常常会发出这样的疑问:好父亲应该是怎样的?

我以为,好父亲不仅应是可爱的,更应是可敬的,这也就是说,女儿对你的感情,不仅包括"爱",更应包括"敬"。而要达到这种境界,就需要父亲们把握好自己行为的尺度——不仅是给予女孩更多关爱,更应对女孩的行为有所约束;大部分时间是温柔可亲的,但在必要时刻也要适时体现自己的权威……

第3章 父亲的教育,决定女孩的一生

不宠不娇养育女孩

本节重点图示:赋予女孩"男性精神",父亲应当这样做

写在图画前面:小学二年级的女孩,参加学校的诗歌朗诵会,要求爸爸参加。

(×:找理由逃避)   (√:克服困难,积极参与)

在女儿心目中,爸爸作为其人生中接触的第一位男性,地位是十分重要的。在女孩的生活中,父亲的身影常常出现,不仅会让女孩感到自己是受到重视和喜爱的,更会调动起女孩积极进取的斗志,并能进一步加深父女感情。

写在图画前面:8岁的女孩想要与小伙伴去附近的公园玩。

(×:简单拒绝)   (√:给出一定规则)

对于女儿提出的一些请求,父亲不应简单粗暴地拒绝,而应给出一定的规则。更相信爸爸权威的小女孩,一般会严格遵循爸爸所提出的规则,做到认真小心。如果父亲特别担心女儿的安全,那就不妨先"跟踪"一下我们的小女孩,考察她是否具有独立行动的能力。

写在图画前面：父亲在修理一把破旧的椅子，9岁的女儿在旁边津津有味地观看，并对爸爸说："爸爸，我来帮你吧。"

(×：拒绝女儿参与)   (√：鼓励女儿参与)

在小女孩的心目中，爸爸的任何一种行为，都带有某种神秘色彩和冒险色彩，能够参与爸爸的活动并得到爸爸的表扬，这本身就是一件特别令女孩感到自豪的事情。因此，父亲一定要接纳女儿的参与，这不仅利于女孩男性精神的培养，更会让女孩收获难得的快乐，并大幅度提升她的自信心。

写在图画前面：晚饭后，辛劳一天的妈妈让13岁的女儿去刷碗，女儿非常不情愿，并向坐在客厅的爸爸抱怨："为什么妈妈自己不做？我也不想刷碗。"

(×：过度纵容)   (√：适时进行"严肃谈话")

事实上，对女儿过度纵容的父亲，并不会从女儿那里收获更多的爱，相反，女儿反而会对没有权威的父亲失去敬畏感。因此，在提高女孩自我约束力方面，父亲必须适时树立自己的威信，努力成为一个既可爱又可敬的父亲。

写在图画前面：爸爸因为工作关系不能经常陪伴在女儿身边，所以总是想方设法地对女儿进行补偿……

(×：金钱补偿)   (√：时间补偿)

如果父亲出于对女儿的内疚，常常对女儿进行一些金钱上的补偿，长此以往，父女关系就会陷入一个危险的境地：女儿只看重父亲的钱袋，父女感情却越来越淡薄。父亲必须明白这样一个道理：对于更注重精神交流的女孩而言，父亲补偿什么都不如在时间上进行补偿。

三 父亲对女儿人生的塑造
——关于情感、自信和审美

"女儿是妈妈的贴身小棉袄","女儿大了自然就会和爸爸疏远",这是我们常常能听到的描述女儿与父母之间关系的话。

但心理学家却指出,尽管母亲在生活层面上更多地影响了女儿,父亲却会对女儿的性格以及一生的幸福有着至关重要的影响。换句话说也就是:**女儿长大成人之后,能否成功、能否幸福,更多将取决于父亲教育的正确与否。**

我认识的一个女孩,曾这样讲述自己的成长历程:

据说爸爸在我出世后,因为我是个女儿并且是很丑的那种,一直不肯抱我。所以在我的记忆中不曾跟爸爸讲过几句话,他甚至从来不带我出去……我认定了这一切不好感觉的根源都是因为我的"丑"。

由于这种心理,我在上小学时就认定班上最难看的女生是我,到了初中最难看的还是我,甚至大学也是这样……尽管我的学习成绩一直很好,但我一直感到很自卑。

现在我到了谈婚论嫁的年龄,我完全不知道自己应该找一个什么样的人来共度今生。因为我总是很担心,我的配偶也会像父亲一样嫌弃我的外貌……

看完这个事例,作为女孩的父亲,你有什么感想呢?我想,任谁都不可否认,父亲的手中就好像有一根看不见的丝线,虽然影像朦胧,却绝对左右着女儿未来的人生走向。正如事例中的女孩一样,因为从来不曾从父亲那里得到应有的呵护和关注,便认定这是因为自己外貌丑陋,并在一种深深的自卑感中渐渐长大成人。而到了谈婚论嫁的年龄,

更是因为父亲没有给她树立一个正确的"男性标准",而对异性、对婚姻充满了困惑和恐惧。由此,我们也可得出这样一个结论:父亲教育的正确与否,往往决定了女儿与幸福生活的距离是近还是远。

与此结论不谋而合,美国密歇根大学曾进行了一项为期50年的100项调查,主要内容为:良好的父亲教育,对于女儿的智力发展、情感形成以及身体健康具有怎样的影响。调查结果显示:

43%的女孩,更多从父亲那里感染和继承了艺术天赋。

53%的女孩成年后回忆,她们从父亲那里获得了更为丰富的知识,尤其是历史、自然科学以及国际关系等女孩子通常不感兴趣的学科。

63%的女孩,因为在童年时得到父亲的关爱,长大后遇到挫折时心理自愈能力更强。

69%的女孩,认为自己的自信心更多来自于父亲的赞扬与鼓励。

……

一直以来,在中国家长的心目中都有着这样两个深入人心的教育观念:其一是父亲干事业、母亲带孩子,其二是父亲管儿子、母亲管女儿。事实上,这也是家长们最容易走入的一个教育误区。

可以说,上面一组数据,带给女孩父母们的启示是深刻的。女孩未来生活的幸福与成功取决于什么?取决于她所具有的能力和知识,取决于她是否自信,取决于她是否拥有健康、乐观的心理……而这一切,显然更多来自于父亲的感染与启迪。

一般来说:父亲对女儿人生的塑造,主要体现在以下几方面:

※父亲是女儿的第一个异性榜样,影响着女儿的择偶观;
※父亲影响着女儿和异性相处的能力;
※父亲的评价,有利于女儿提升自信心;
※父亲深刻影响着女儿的"审美观";
……

那么,在影响女孩未来一生的诸多因素中,父亲的教育是如何发挥效用的呢？父亲如何才能成为赋予女儿一生幸福的人呢？下面，我们将为您一一做出解答。

方法一：父亲是女儿的"异性模板"——引导女孩正确认知"男性标准"

在前面我们已经提到了，父亲是女孩人生中遇到的第一个男人，同时也是陪伴女孩时间最长的男人。毫无疑问，他的出现会影响女孩的一生。这其中，任谁都不可否认，父亲最不可忽视的一个影响力就是——影响女孩对"男性标准"的认知。

许多心理学专家的研究表明：女孩对父亲男性角色的认知，往往会经历这样两个阶段：

第一阶段：随着女孩的出生，她们对爸爸的"探索"也已悄然开始。女孩在心中逐渐感觉到，爸爸是不同于妈妈和自己的另外一种人，他有着妈妈和自己所不具备的力量和能力。例如，女孩会深刻感觉到——父亲非常神秘，从体貌特征到行为举止，都是那么不可捉摸；父亲懂得很多道理和知识，所有问题他都能解答；父亲具有超大的力气，双手可以把我高高举起；父亲具有超凡的能力，家里所有坏掉的东西，他都能很快修理好……可以说，这些都形成了女孩对男性的第一认知。

第二阶段：随着女孩渐渐长大，她们对父亲的观察也将更加细致和深入。例如，父亲和母亲的关系怎么样，他是如何对待母亲及其他女性的；周围人对父亲都有一个很好的评价，他是如何做到的；家里的各种事情，父亲都很有主见，他是如何把每件事情都做得近乎完美的……可以说，父亲的言谈举止、处事方式、品格精神，都促成了女孩对男性标准更深一步的认知。

经历了这样的两个阶段后，自然而然地，随着对父亲的印象不断深入，女孩会渐渐把这种印象扩散到其他男性身上。久而久之，在女孩的内心就会形成一种固有的"男性标准"：男人就应该是这样的！显而易见，女孩心目中的这个"男性标准"，是以自己父亲的形象为模板的。

那么,父亲这个"男性标准"的树立,会对女儿的人生产生哪些影响呢?

其实,这个答案我们并不陌生:

※父亲所树立的男性标准,往往会影响女孩未来的择偶标准。

幸福婚姻对于女孩的重要性,不必多说家长们也能深刻地体会到。因为女孩更注重人与人之间的关系,更因为女孩的情感是脆弱的,往往婚姻的幸福与否就会决定女人一生的主旋律是成功的还是失败的。

在这个意义上,我们甚至可以下这样一个定论:**父亲绝对是塑造女儿幸福人生的第一人。**

为什么这么说呢?原因很简单,因为父亲所树立的这个"男性标准"也有好坏之分、正确与否之分。父亲的这个标准树立得好,女孩自然会对异性产生正确的认知,从而以正确的方式与异性交往,并收获幸福;反之,当女孩对异性产生错误的认知,那么女孩的人生也将走向另一个极端。

细心的家长会发现,生活中总会有一些女孩,对父亲有种特别的喜爱和依恋情绪。在选择终身伴侣时,她们也会不经意地以父亲为标准。

我认识的一位女孩,对我说过这样一段话:

在我看来,爸爸是最可爱、最合人意、最有责任感、最有教养、最值得尊敬的人,他是我认识的人中最伟大的。小的时候,我就渴望将来找到一个像我父亲那样的人。等到了谈婚论嫁的时候,我竟然发现,我喜欢的人都是在某方面与父亲有些相像的。

生活中,作为成人的我们常常会发现这样一种现象:婚姻幸福家庭养育出来的女孩,其婚姻往往也是幸福的;充满硝烟和战火家庭中养育出来的女孩,其婚姻生活往往会更易陷入僵局。为什么会出现这种现象呢?其实,问题就出在父亲是否为女儿树立了良好的男性标准。作为家长我们必须首先明确这样一个道理:女孩对男性的认知是正确的,她才能做出正确的选择。

当然，父亲的影响力有好的一方面，也会有不好的一方面。如果爸爸们没有起到良好的示范作用，那女孩就很可能在择偶方面"误入歧途"。例如，一个酗酒、赌博或经常殴打妻子的丈夫，往往会给女孩带来这样的男性认知标准：男人吸烟、喝酒、赌博是他们的一种本性，男人做事凶狠、感情淡薄……

在这样的错误的男性认知标准下，女孩的人生将走向何方呢？

研究指出，父亲角色不正确，会对女儿的婚姻造成两种伤害：

一是造成女孩对婚姻的过分恐惧，害怕重蹈自己母亲的覆辙。如，她们会对异性朋友过分挑剔，只要感觉对方有一点与自己父亲相似的地方，就会一概排斥。生活中很多害怕婚姻，或者对男性持有恐惧心理的女性，大多根源于此。

二是变得逆来顺受，认为男人都是如此，自己所承受的痛苦是理所应当的。这样的女性在生活中并不少见，她们多半会对男性的错误行为给予过分的包容，甚至默默承受着难以言说的痛苦。

作为女孩的父亲，看到以上的分析，你有什么样的感受呢？也许很多父亲会说，我可不是酗酒、赌博的父亲，我更不是经常殴打妻子的父亲，这些不好的情况永远不会发生在我女儿的身上。

的确，现在社会中，行为如此恶劣的父亲并不多见。但不可否认的是，父亲在家庭中的一言一行，依然会对我们的女儿产生很大的影响，并直接影响着她对于婚姻的认识、对于异性的认识。

那么，究竟父亲应当如何注重一些生活的细节，为女儿树立一个良好的男性标准呢？

答案并不复杂，却很重要：

※在日常生活中，特别注意对女性的尊重、对妻子的尊重。

一位父亲这样分享了自己的育女经验：

在女儿面前，我特别注意自己对女性的态度。我从不随意对任何一位女性做负面的评论。特别是面对妻子时，我更是会毫无保留地表

达自己的欣赏之情。

一次,妻子对着镜子左看右看,问我:"我是不是已经年华老去了?"我立刻对妻子说:"不,你依然那么年轻、漂亮,在我心中,你是最贤惠的妻子,最称职的妈妈。"

妻子当时感动得都快掉下眼泪,女儿在一旁也不时地夸赞着妈妈,并用欣赏的目光注视着我……

男人喜欢对任何事情都评头论足,这似乎已经成为男人的天性之一。特别是对于女性,很多男人更是毫不吝惜评价之词。可在这里,我必须提醒父亲的是:你的评价可以很宽泛,但一定不要当着女儿的面对女性做出任何负面的评价。

上面事例中的父亲做得就很好,当妻子向他抱怨自己年华已逝的时候,他不但没有表示认同或做出负面评价,而且做出了最为积极的回应,表达了自己对妻子不变的爱慕。可以想象,这样的真情告白必将在女儿心中打下深深的烙印。女孩也会自然而然地产生这样的认知:女人的美并不取决于年龄;一个好丈夫应该是懂得欣赏、尊重妻子的人……当然,与此同时,女孩对父亲的印象也会攀升到一个更高的层次,进而对所有男性形成一个良好的印象。

此外,需要特别提及的是,父亲除了对待自己的妻子要充分尊重外,在对待其他女性方面,更应掌握一定的尺度,如爸爸不要随意评价妻子或其女性朋友的身材、长相等。要知道,观察能力敏锐的女孩是十分在意父亲对女性的任何评价的,一旦让女儿在其中捕获一些不利的信息,她就会用这种"不正确的评价"来衡量自己,以及衡量自己在父亲或其他男人心目中的地位。例如,如果女孩经常听父亲评价某女性不够漂亮,她自然就会联想到,自己是否漂亮,父亲和其他人是否会因此而讨厌自己呢?久而久之,女孩就会形成不正确的审美观,甚至很有可能陷入自卑而不能自拔。

那么,也许有父亲要开始抱怨了:喜欢评论是男人的天性,难不成让我们在家中闭口少言,做一个沉默寡言、不敢发表任何见解的父亲?

事实上,这是父亲们对这个问题有一个理解上的偏差。我们并不是说不能评论,而是强调:如何评论。

其实,父亲们完全可以改变一下自己评论的方式,从给女性找缺点转变为给女性找优点。比如,爸爸经常在家里夸赞妈妈很漂亮、很能干、贤良淑德等;对其他女性,父亲更多提及其优秀能力与优异的表现一面,等等。父亲们可以想想看,这样的评价方式又会带给女孩怎样的启示呢?

方法二:父亲是女儿自信心的给予者——提升女孩的"自我评价"

在养育孩子的过程中,一些家长往往持有这样一种观点:男孩要穷着养,女孩要富着养。

女孩要富着养,在我看来,这个"富"是要讲究一定学问的——它并不意味着要给女孩提供多么优越的生活条件,其主要的意义在于为女孩提供一种精神上的"富足"与"充裕"。

所以,每当有女孩父母和我说"女孩要富着养"的时候,我都会这样纠正她们:"女孩要宠着养"——给予她们更多的鼓励,让她们更自信;给予她们更多的信任,让她们更自立;给予她们更多的帮助,让她们更理性,更易感受到生活的幸福……

相比较大大咧咧的男孩子而言,心思细密的女孩子,在成长过程中面临的最大困境其实就是容易自卑、不容易相信自己的能力、容易放弃。而此时,父母的"宠",也就是鼓励,往往是成就女儿一生的好方法。

而这其中,父亲的鼓励,更是具有非同寻常的巨大作用。

对此,科学家们曾做过这样一个实验:

把若干名女孩分成两组,进行一项试卷测验。测验后女孩都对自己的表现不满意。第一组女孩让母亲过来安慰、鼓励她们;第二组让父亲过来鼓励她们。两个小时后,实验员对女孩进行第二次试卷测试。结果显示,第二组女孩的成绩明显好于第一组女孩的成绩。

这个实验虽然科学家没有做出明确的定论,但却足以说明:与母亲相比,父亲的鼓励对女孩更有效。

为什么会出现这样的效果?目前我们确实没有准确的科学依据来证实。但是,从男女两性的生理结构看,我们却不可否认这样一个事实:父亲的威严对女孩更具有吸引力,父亲一直以来都是女孩心中权力、权威、力量、能力的象征。也正因如此,父亲的话往往对女孩更具权威性,也更易使女孩信服。

例如,日常生活中,很多女孩可能会对妈妈的批评从不放在心上,但爸爸的一句批评,却可以令女儿伤心落泪好久;在妈妈多次尽数女儿的缺点之后,只要得到爸爸的一句赞扬之词,女儿也会备感欣慰,并相信自己是优秀的……可以毫不夸张地说,从某种意义上,我们甚至可以下一个这样的结论:对于女孩来说,父亲一句鼓励的话,往往比母亲的十句更有效。

那么,父亲们应该怎样做,才能够更好地提升女儿的"自我评价",进而提升女儿的自信心呢?

一位父亲这样分享他的经验:

在我眼里,女儿是最好的。我总是用欣赏的眼光看她,并时常夸赞她:"我的女儿,是最优秀的","女儿,你的表现太令人不可思议了"……

此外,我还经常带女儿参加我的一些活动,每逢遇到同事、朋友,我都会骄傲地向他们介绍说:"瞧,这是我的女儿!"并且在一些活动中,我也经常鼓励女儿在众人面前大胆地表演自己的才艺,并对她的表演报以最热烈的掌声。我就是要让女儿时刻感觉到,我以她为骄傲!

我这样做,确实收到了很好的效果,那就是我的女儿拥有无比的自信。不管走到哪里,她都自信满满,做事具有主动性。我知道这种自信是一种无形的力量,能够支持和鼓励她应对任何困境。

尽管女孩不一定是那么完美,尽管女孩很多事情做得还并不尽如人意,但做父亲的千万不要吝惜自己的赞美之词。要知道,女孩往往可以容忍这个世界上的任何一个人不喜欢自己、不赞美自己,但对于父亲的赞扬和鼓励,她们却有着一种迫切而强烈的需要。正如事例中那位父亲所做的一样,只有让女孩时刻感觉到父亲是如此地看重她、欣赏她,并时刻以她为自己的骄傲,女孩才能相信自己的能力、确定自己的价值,进而在自信心的鼓舞下迸发出超凡的活力与魅力。

讲到这里,也许有父亲会提出疑问了:我在生活中是个沉默寡言的父亲,不善用语言表达对女儿的欣赏和赞美之情,这怎么办呢?

对于此,我给出一个这样的建议:通过行动默默地支持她。

父亲们千万不要怀疑自己的这份心是否能被女儿深刻领悟。要知道,女孩子是心思缜密的,父亲看待她的眼神,父亲对她关爱的一举一动,都会被她铭记在心,并成为鼓舞她前进的巨大动力。

一位喜爱弹钢琴的女孩,在日记里记述了这样一件事情:

一个黄昏的傍晚,我正坐在钢琴前弹奏一曲《致爱丽丝》。那美妙的琴声、跳动的音符,让我完全陶醉在音乐的世界里。一曲过后,我心情特别舒畅。这时,我回过头,忽然看到父亲坐在我身旁满含热泪地看着我。我深深知道,他是被我的音乐打动了,而我更被父亲感动了。我发誓,我一定要努力练习钢琴,来回报我的父亲。

我们说女孩是懂事的、体贴的,大部分原因是由于她们能够感受到别人的关注和期待,并对此做出积极的回应。也许事例中的父亲从没说过任何赞扬女儿钢琴弹奏水平的话,但他的泪水与感动却把他内心对女儿的欣赏和关爱毫无保留地展现了出来。面对这样一位好父亲,女孩又怎么会不理解父亲对于自己的那种真挚情感,并做出积极的回应呢?

也许有父亲要说,表现自己对女儿的关注与认可一定要流泪吗?事实上,父亲的关注并不在于他是否流泪,而是指父亲的态度。父亲每一个期待的眼神、每一个关注的举动、每一次默默的注视、每一次无声的陪伴……都会让女孩牢牢记在心上,她们也会为此付出更大的努力。比如,女孩因一次考试成绩不理想,非常失望、难过。这个时候,父亲可以陪伴她一起学习,帮助她解决学习中遇到的问题。"行动胜过语言",父亲的默默陪伴和支持,女儿会心领神会。她们会对父亲的"牺牲",予以满意的答复。

方法三：父亲是女儿的"美容师"——促使女孩形成正确的审美观

我曾听到过一位父亲这样抱怨：

在女儿10岁左右的时候，一次，她问我："爸爸，你觉得我胖吗？"我当时非常吃惊，一个10岁的孩子竟然会问我这样的问题。我从没有在女儿面前谈论过这个问题啊，她怎么会有这样的想法？我很担心自己的女儿……

其实，我们说父亲完全可以不必为此担心，因为女孩对于"审美"从小就有一种特别的能力。这种对美的认知能力的提升，甚至比她们的成长速度还要快。十几岁的女孩就会开始对自己的相貌、体型进行评估。特别是进入青春期的女孩，对自己更是格外地挑剔，她们总是嫌"自己的个子不够高"、"长相不够漂亮"、"身材太胖"，更多时候为外在形象欠佳而苦恼。

也许有家长会问了，与大大咧咧、不修边幅的男孩相比，为什么女孩更易出现这样的状况呢？

对此，社会学家为我们提供了这样一种答案：在我们的文化中，人们往往极度注重自己的外表，挑剔地对别人评头论足，而这些也会渐渐地渗透到女孩的家庭中——而在这一过程中，父亲往往充当了女儿审美观的缔造者。

在每一个家庭中都可能发生这样的情景：

饭桌上，爸爸对妈妈说："你少吃一点，你看你的腿粗成什么样了，腰都没法看了，和以前真是没法比啊……"

父亲的话虽然是针对母亲说的，但母亲是女孩的榜样，父亲代表一种权威。当女孩听到父亲这样的评价，她就会知道，父亲是不喜欢女孩子胖的，是不喜欢女孩子腿粗的。当然，她也会把这种观点进行普及，进而认为所有男性以及整个社会都是这样认为的。于是，不正确的审美观就会在小女孩的内心深处渐渐形成并根深蒂固。

这个时候，女孩往往非常渴望拥有较好的相貌、体型，以满足大众及自己的审美需求。于是,她们常常在强调自己"为什么不美"、"为什么这么胖"……为了使自己符合更多人的审美标准,一些女孩甚至会做出很多与其年龄不相符的事情:如,为了减肥而节食,影响自己的正常发育;计划着将来做整容、美体手术……

我们说,对女孩来说,外表清秀确实是一件好事,也可以带来某种"幸运"。但是,当女孩过度强调外表之美,她们往往就会忽视了自身的努力,更无暇顾及内心美的培养。进而,她们甚至会形成不正确的审美观,认为拥有漂亮的外表是在社会中生存的资本,拥有它就拥有了一切。毫无疑问,这种错误的审美观,将深刻地影响她们的一生。

那么,对于培养女儿正确的审美观,最有效的方法是什么呢?

在此,我给父亲们提出这样一个建议:**善于运用善意的谎言**。

一位成功的父亲,曾给我讲述过这样一件事情:

女儿小的时候,不知道受什么影响,特别关注自己的外貌,她总是追着问我:"爸爸,我胖吗?"、"爸爸,我漂亮吗?"我知道我的看法女儿十分在意,也知道女儿在各方面都还不完美,但我总是会热情洋溢地这样回应女儿:"你在爸爸心目中是最美丽的,除了外表,你还具备很多其他人不具备的优秀品质,如很懂礼貌、干净整洁……"

现在女儿已经长大成人了,一次,她突然悄悄趴在我的耳边对我说:"爸爸,感谢你,感谢你从小到大对我的欣赏和赞扬……"

女孩在小的时候,多会问父亲关于美与丑、胖与瘦的问题。作为女孩接触的第一位男性,她深信父亲的看法代表着所有男性的看法,甚至是整个社会的看法。因此在引导女儿形成正确的审美观方面,父亲责无旁贷地要承担着比母亲更为严峻的任务。

是的,长大成人的女儿终有一天会识破父亲这种"善意的谎言",但那有什么关系呢?父亲的这种欣赏和赞扬,已经成为了女儿幸福生活的源泉,此时的女儿唯有对父亲心存无限感激——正如上面事例中长大成人的女儿一样,任何一个受益于父亲"善意谎言"的女孩,都会发自肺腑地对父亲说出"谢谢"二字。作为女孩的父亲,还有什么是比这两个字更珍贵的呢?

讲到这里,很多家长也许会问了:对于一些女孩不能确定的问题,我们可以用"善意的谎言"来改变她的某些想法,但对于女孩已经根深蒂固的一些美丑观念,我们又该如何改变呢?例如,女儿个子很矮,她对此很自卑;女儿脸上有很多雀斑,她对此一直耿耿于怀……

对于这个问题,有这样一个好的建议:**为女孩的相貌赋予一种非凡的意义。**

针对这样的问题,一位父亲是这样做的:

我女儿个子确实有些矮,已经步入青春期的她还不到150厘米。对此,她总是感觉很自卑,认为这会影响到她将来上大学、就业,甚至是婚姻。

为了让女儿正视自己的身高问题,我想到了一个好办法。一次,找了一个适合的机会,我和女儿一起翻看家族照片。当看到孩子姑姑照片的时候,我这样对她说道:"我们家每一代人都会出现一个'矮个子',你姑姑是这样的,你姑姑的姑姑也是这样。但是,你看,通过不懈的努力,现在你姑姑是个知名的教育家,你姑姑的姑姑是个成功的商人。'矮个子'似乎已经成为了我们家族中成功的一种标志呢。"

当女孩对自己某方面的缺陷不满意时,父亲完全可以通过一些巧妙的方法,赋予这些缺陷一些特殊意义,让女孩以一个全新的角度重新认识自己。

如上面的例子中,父亲通过为女儿展示家族图谱,向她传达了这样的信息:一,她的某些缺陷是家族遗传,但通过自身努力,这个缺点完全不会影响到自身发展;二,这个家族中不是每个人都有的缺点,恰恰是成功的一种标志。可以想象,这时候的女孩自然会把姑姑的成功与自己的矮个子之间建立联系,甚至会产生某种自豪的情愫。自然而然地,矮个子也就不会成为她走向自卑、放弃努力的理由了!

> **本节重点图示：赋予女儿美好人生，父亲应当这样做**

写在图画前面：一天，妈妈站在镜子前面，征求女孩父亲对自己容貌的评价。

(×：负面评价妻子)　　　　(√：积极评价妻子)

父亲在家庭生活中的一言一行，往往影响着女儿对"男性标准"的认知，并深刻地影响着女儿未来的择偶标准。因此，一个好的父亲，不仅要体现男人应有的各种优点，更要特别注重自己对待妻子的态度。你对妻子的爱，往往会成为女儿未来拥有的一种幸福模式。

写在图画前面：妈妈的一位女同事身材比较丰满，一天她来家里做客走后，女儿和爸爸提及她的身材问题。女儿对爸爸说："爸爸，你不觉得那位阿姨有些胖吗？"

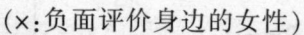

(×：负面评价身边的女性)

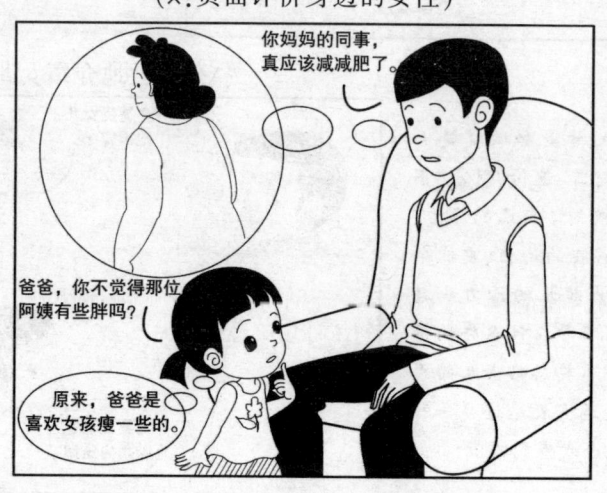

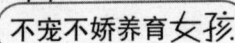

(√:给予女孩正确的审美观)

父亲在女儿面前对其他女性不经意的负面评价,往往会成为女儿错误审美观形成的基础。这以后,女孩也会用这种标准来衡量自己或评价他人。因此,父亲应尽量避免在女孩面前评论女性的外在缺点,比如身高、体重、相貌等。

写在图画前面:8岁的女孩与父亲一同参加同学聚会,她见到了父亲的很多同学。

(×:忽略女儿的存在)

(√:骄傲地介绍女儿)

父亲的赞美和欣赏是女孩最大的财富,这份"财富"不仅能让女孩相信自己的能力、确定自己存在的价值,更能令女孩迸发出超凡的活力和魅力。因此,不管在什么样的场合,父亲都不要忽略女儿的存在,而是要适当表达这样一种感情:女儿令我感到骄傲!

第4章

养育女孩，母亲要扮演好自己的角色

一 母亲是女儿的榜样——教女孩如何做女人

二 母亲是女儿的一面镜子——教女孩正确认识自己

三 母亲是唤醒女儿的第一人——塑造女孩的性格

引 语
yinyu

　　与养育男孩相比,大多数妈妈对教育女孩更有信心。因为母女间往往有着相似的身体发育和心理变化……

　　但也许大多数母亲还不知道,正是由于我们与女儿有着太多相似的地方,所以,很多妈妈常常会走入一种教育的误区。

　　原因很简单,大多数母亲都会用自己的成长经历来"规范"女儿,她们常常对女儿说:"妈妈小时候是这样的……""妈妈像你这么大的时候,早就可以……"

　　但是,妈妈的时代毕竟过去了。可以说随着时代的变迁,她们的故事和经历已经不再适合女儿这一代。而很多妈妈并没有意识到这一点,她们仍然用以往的观点、想法来对待和指导女儿的新生活。

　　这也正是造成一些母亲和女儿间总是有隔阂、无法正常沟通的一个主要原因。面对这样的问题,很多母亲可能会困惑:不按自己的经验去教育女儿,那用什么方法才能培养出优秀女孩呢?

　　其实,这个问题的答案很简单。作为母亲,我们必须在施行教育之前明确这些问题:对于女孩而言,母亲到底意味着什么?母亲对女儿的人生有哪些决定性的作用呢?……

　　儿童心理学家给了我们一个明确的答案:

　　※母亲是女儿的榜样,她教会女儿如何生活、如何正确认识自己、如何做一个女人,并且对塑造女儿的性格以及其人生观、价值观的形成等具有决定性的作用。

一 母亲是女儿的榜样
——教女孩如何做女人

生活中我们常常听到有人这样说：

你简直和你的母亲一模一样；

有什么样的妈妈，就有什么样的女儿；

……

的确是这样的。心理学家指出，当女孩刚刚来到这个世界上，母亲和女儿的关系非常和谐，非常亲近，任何东西都没有办法剪断她们之间的这种脐带式关系。由于这样一种特殊的关系，女孩从小就对母亲有种特别的依恋和亲近。

一位幼教工作者这样描述母女间的关系：

大多数女孩在生命之初，是由母亲来哺乳和照顾的。在这段时间里，女孩会深深沉浸在母亲的世界里。只要听到母亲的声音，或是看到母亲在摇篮边看着自己，她就会变得很安静。她张着小嘴笑，或是踢蹬着小腿表示对母亲的欢迎。

在母亲的启迪下，女孩发出第一声咿呀，学会第一个挠手的动作……她们在人群中能够准确地认出妈妈。

母女之间的这种心灵相通，使女孩与妈妈的亲密关系与日俱增。在母亲的呵护下，大多数女孩能够健康、快乐地成长。而在她们成长的每一个生命瞬间，妈妈无疑成了她们模仿的对象。通常情况下，女孩的视线是不愿离开妈妈的。细心的家长都会发现，在女孩还不会说话的时候，她就开始注视着妈妈，她的视线会追随妈妈的每一个动作。

当女孩渐渐长大，她还会寸步不离地跟着妈妈。无论妈妈走到哪里，她都会围在妈妈身边。她和妈妈一起做家务、买东西等，不管是干

什么,只要和妈妈在一起,女孩都会很高兴。而这其中,她们也渐渐学会了倾听、观察和模仿:

她们倾听妈妈的话语,是温柔的,还是蛮横的;

她们观察妈妈对待别人的态度,是热情的,还是冷漠的;

她们模仿妈妈的动作、妈妈做事的方式;

……

无论是妈妈的一言一行,还是一颦一笑都是女孩模仿的对象。所以在孩子的成长过程中,女儿就仿佛是妈妈的影子,往往妈妈是什么样子,女儿就是什么样子。

当女孩渐渐有了女性意识的时候,她们会不自觉地开始模仿妈妈的行为。例如,小女孩在玩洋娃娃的时候,不仅会模仿妈妈照顾自己的方式,还常常会奶声奶气地模仿妈妈的口吻对娃娃说:"乖宝宝,要听妈妈的话……"

当然,女孩的模仿能力还不仅限于此。心理学家表示,在生活的许多细节中,女孩都可以感受到母亲所传递的各种信息,包括对于自我、女人、男人,以及生活的态度等。仅在日常生活的接触中,妈妈就可以在无数个方面影响着自己的女儿。

女孩的模仿能力是天生的,也是超强的。然而,生活中大部分母亲没有注意到这一点,她们尽情地表现着自己对待生活的一些负面态度。

例如,一些母亲喜欢抱怨,喜欢对自己以及自己的生活表现出不满情绪。她们不断地抱怨生活不公平,不断地对别人表示不满,经常对自己及自己的生活表示厌倦……但妈妈们却没有意识到,自己的这种负面情绪很快就会传递给自己的女儿。

我曾听到过一位母亲这样讲述:

有一段日子,我发现自己的皮肤有些暗,脸色也不好。每当对着镜子,看到自己暗黄的皮肤、憔悴的面容时,我真的无法控制自己……不经意间我抱怨起生活的操劳,并对自己的面容表示不满。

直到有一天,我 11 岁的女儿对我说:"妈妈,我不喜欢我的相貌,我的皮肤太暗了,怎么长成这样?"我当时感到很意外。我告诉女儿,你是最漂亮的、最可爱的,可是女儿对我说:"妈妈,每个人都不喜欢自己的样子,是吗?我看你照镜子时,总是对自己的样子感到不满意。"

我当时非常惊讶,原来我不经意间的举动,竟然对女儿有这么大的影响。

妈妈是女儿的第一榜样。妈妈的生活态度、生活方式会对女儿产生极大的影响。如上面例子中,那位妈妈由于生活的操劳、工作的辛苦,对自己的容貌产生一定的不满情绪,而这种不满在潜移默化中传递给了女儿,并使女儿在年龄尚且幼小的时候,也对自己的相貌产生了疑虑。这些都会吞噬女孩的自信心,对其心理健康发展是极其不利的。

我们试想一下,一个经常抱怨的母亲,势必会让女儿觉得生活并没有那么美好,到处都有一些烦恼和不愉快的事情。在母亲的抱怨声中,女孩的生活随之也将充斥着不满、愤怒、厌烦等许多不良的情绪。这样,女孩自然会失去对美好幸福生活的向往和追求。

对女孩而言,母亲在她们生活中的影响远不止这些。比如,女性犯罪心理学的调查报告指出:通过对多名有过犯罪经历的女孩进行心理咨询,发现很大一部分女孩把自己遇到的麻烦归罪于母亲。其原因主要有两点:一,她们从小被母亲疏远,没有得到足够的母爱;二,她们没有从母亲那里学到良好的习惯和优秀的品质。

既然母亲的榜样作用对女儿的影响如此之大,那么,作为女孩的母亲,应该怎样做才能成为女儿的好榜样呢?

对此,我以为,答案是这样的:

※一个优秀母亲的榜样作用是,把你对生活的美好愿望传递给女儿,并引导她追求美好、祥和的生活。

生活中,有这样一些母亲,她们非常善良、乐观、细致,对自己的生活表现出极大的满意度。在生活中,她们也表现得温柔贤惠,时刻扮演着"好妈妈"的角色。在许多生活情景中,她们会充当这样一些角色:

一些母亲是家庭的护理师,时刻保护女儿的安全;

一些母亲是家庭的厨师和清洁工,时刻准备着满足每个人的需要;

一些母亲是家庭的"和事佬",总是尽力抹平家庭成员间的感情冲突;

一些母亲是家庭的快乐天使,总是把对生活的满意传递给家人;

……

我们说,这样的妈妈是整体意义上的"好妈妈"——她们保护女儿的安全,避免她们受到伤害;她们照顾女儿的饮食起居,使其身体和能力全面发展;她们给女儿足够的关爱,让女儿产生安全感……

这其中最主要的是,母亲通过身体力行,让女儿感受到了生活真的很美好。比如,每天能和家人开开心心地在一起是最大的幸福;每天照顾家人的饮食起居也是最大的幸福;假日里和家人一起出去聚餐、旅游、体验大自然的美好也是一种幸福……这些都是通过母亲的身体力行传递给女儿的信息。

除此之外,作为一个好妈妈,她的榜样作用还表现在以下几点:

方法一:帮女儿找准"女性社会角色"的平衡点

在我的身边发生过这样一件事情:

我女儿今年12岁,她有两个姑姑:一个是全职太太,生活优裕;另一个是精明强干的律师。在与两位姑姑的接触中,她感受到做全职太太的清闲与自由,也感受到了做一名职场精英的荣誉。

一天,女儿突然问我:"妈妈,你说我将来做一个全职太太,还是做一名律师呢?"我当时一惊,女儿这么小,就开始考虑这些问题了。我知道她正在面临"女性社会角色"的问题,我需要采取行动了。

什么是"女性社会角色"呢?

女性社会角色就是指女性在社会中应该扮演的角色和地位。从女性自然模式发展角度上看,女性理所应当扮演母亲的角色;从经济型社会的角度看,女性也应该在工作中求得与男人同等的地位。

也许很多家长认为,这是女孩步入社会以后要考虑的,到那时再帮她做决定就好,现在我们谈的是如何养育女孩的问题。

是的,这个问题看上去似乎与养育女孩并无多大关系。但不可否认的是,女性任何观念的形成,其实在小女孩时期就已经根深蒂固了。等到女孩长大成人,父母再想规正她的某些想法,就将难上加难。

生活中,细心的家长会发现我们身边的一些女孩会这样说:

我以后不想生孩子,我要做个事业型女性;

我长大要做个全职太太,找个有钱的老公,在家相夫教子;

……

这已不再是成熟女性的感言,而确确实实是出自十几岁的女孩之口。面对这样的一个现实,父母在惊叹之余,十分有必要把"女性社会角色"这一点,作为一项教育重点纳入养育女孩的日程。而在帮助女孩找准"女性社会角色"的平衡点方面,母亲无疑将起到榜样作用。因为不仅是我们的女儿,就连母亲自己也面临着这样的社会压力:

一方面,生活中一些母亲因为工作的繁忙,不得不放弃对女儿的教育。另一方面,妈妈因为要照看女儿,不得不放弃工作的机会,而把全部的心思放在女儿身上。可以说,在职业女性和家庭妈妈两方面,很多女性不可避免地面临着两难的选择。

既然母亲深知作为女性,这是一个不可避免的问题,那么,在教育女孩的过程中,妈妈应该如何为女儿做好榜样呢?

在此,我为您提供这样一点建议:**母亲为女儿找准"社会女性角色"的平衡点,即——**

※**职业女性**:告诉女儿,工作令你快乐。

※**家庭女性**:告诉女儿,做母亲令你快乐。

究竟是做职业女性好,还是做家庭女性好?首先,对于这个问题,母亲必须有一个正确的认知:任何一种角色,都是值得自己骄傲的,都是令自己快乐的。职业——令自己感受到了被社会认同的快乐、生命充实的快乐,家庭——则令自己体味到了做妻子的快乐、做母亲的幸福。这才是女孩母亲应当持有的一种正确观念。

当母亲将这样的观念传达给你的女儿,我们的女孩就能够准确地定位自己的女性社会角色,同时,给自己的角色找到一个很好的平衡点。

生活中的大部分母亲,都是具有职业、家庭双重身份的女性。她们既要抽出时间照顾好自己的子女和爱人,又要在工作中表现得出色和优秀。这对母亲来说确实是一种责任,也是一种挑战。

那么,母亲要如何演绎自己的女性社会角色呢?

一位母亲这样和我们分享她的育女经验:

有时候我确实感到生活很累,因为我既要照顾好孩子,又要把工作做好。但是面对幼小的女儿,我从来不表现出工作的忙碌或是家务事的辛劳。每当女儿问我:"妈妈,你工作累不累啊?"我都会一脸骄傲地对女儿说:"不累,妈妈很棒的,工作做得很好,同时也在工作中找到了快乐……"此外我还经常和同事聚餐、郊游,我要把工作能够带给我的所有积极、乐观的东西——展现给女儿。

与此同时,我把做母亲的幸福感和使命感也毫无保留地传达给了女儿。我时常对她说:"妈妈因为有了你,真的好幸福……"在生活中的很多细节上,我也会尽量让女儿感受到:能够抚养她,是我的职责,也是我的荣幸。比如,我特别主动地去开家长会,并对女儿的成绩感到由衷的高兴……

作为女孩的母亲,我们必须时刻让她们感受到做母亲的快乐,让她们从小在妈妈的影响下,感受到抚养孩子是一种神圣的职业。如上面例子中的妈妈一样,作为母亲她感到快乐和荣幸,并把这种感动用语言的形式传达给女儿,这不仅让女儿感受到来自母亲的爱,更让她觉得作为一名母亲是如此崇高。

此外在生活中,妈妈们还要把自己对待工作的态度,以及对工作的感受以正面的形式传递给我们的女儿。比如,上面例子中的妈妈,她把工作使人快乐的意义通过语言和行为告知女儿。在妈妈的感召下,女孩从小就能感受到工作能使人生变得美好,也能够体现一个人的价值和能力。

方法二：赋予女儿感知幸福的能力

不可否认，相比较男性而言，更喜欢追求完美的女性对生活的挑剔程度会更高。正因如此，女性也更容易发现生活中的各种瑕疵，进而发出各种抱怨。例如，我们经常会听到很多女性发出这样不满的声音：

我的身材怎么突然变这么胖？

今天怎么又下雨了？

你看，那个人的态度太恶劣了！

……

生活中，有一些母亲似乎总是生活在抱怨的世界中。她们整日为各种各样的事情，不断发出自己不满的声音，诸如家里的电费怎么那么多、女儿总是不停地要这要那的、工资怎么总是和付出不成正比……似乎生活中的每一件事情，母亲们都能够挑出毛病。

而大多数母亲并没有注意到，自己这样的言行和态度正在悄悄地影响着女儿。我们说母亲的榜样作用是可以传递的，如果妈妈们一直在女孩的耳边发牢骚，那么这样的生活态度自然也会传染给我们的女儿。于是，我们会听到小女孩更多充满忧愁的声音："妈妈，我不快乐"，"我感到很伤心"，"你怎么能这样对我"……

特别是到了青春期，随着女孩生命意识的进一步觉醒，以及探索未知世界的不断深入，在妈妈的抱怨声中女孩对待生活常常会出现这样一种态度——生活无趣。

一个14岁的女孩在自己的日记中这样写道：

最近不知道怎么回事，总觉得生活特没劲。每天都是一样的内容，吃饭、学习、睡觉，再吃饭、再学习、再睡觉……面对这样枯燥的生活，我感觉不到一点乐趣，不管干什么我都提不起精神，都觉得没意思。这是为什么呢？难道我的生活就要这样过下去吗？……

对女孩而言，十几岁的年龄正是她们朝气蓬勃、活力四射的阶段。同时，也是她们对任何事物都感到新鲜、好奇，并且极具探索性的时期。然而，生活中却出现了一些这样的女孩：在她们生命力最为旺盛的

时刻,她们不但感觉不到来自生活的魅力和风采,反而对自己的生活感到无趣和没劲,不时对生活发出抱怨和无聊的感叹。

为什么一些女孩会觉得生活没有意思呢?

儿童心理学家为我们提供了一个明确的答案:

※女孩之所以认为生活没有乐趣,是因为她们感知不到乐趣,她们缺乏感知幸福的能力。

女孩为什么会感知不到幸福呢?

事实上,女孩之所以感觉不到幸福,与其母亲对待生活的态度有极大的关系。

上面我们讲到了,生活中存在一些喜爱抱怨的母亲,她们经常对生活的种种表示不满。无意间,母亲的抱怨声打乱了女儿感知幸福的神经。在女孩的大脑中,错误地认为所有的事情都不令人满意,所有的事情也都是存在瑕疵的。这样的想法一旦占据女孩的思想,她们将难以从生活的细枝末节中体会到幸福和美好,进而也就失去了感知幸福的能力。

而这样错误的认知反映到女孩的生活中,也就形成了她们对待生活的消极态度,所以会有一些女孩发出"真没劲""无聊透顶"的感慨。事实上,这些都与母亲对待生活的态度密不可分。

那么,作为女儿最贴心的人,妈妈应该怎样做才能提高女儿感知幸福的能力呢?

1. 母亲应提高自己对生活的满意度。

一位母亲这样介绍她的经验:

在生活的诸多细节中,我常常会向女儿传达我对生活的满意。一次,在我和丈夫结婚纪念日的时候,丈夫突然送我一枚戒指。我当时真是感动极了,情不自禁地对女儿说:"乖女儿,妈妈感到好幸福啊,因为你的爸爸对我太好了。"女儿看到我幸福的表情,也对我说:"妈妈,我也感到好幸福,因为爸爸妈妈都爱我,我们天天在一起。"

我听到女儿的话好感动,我知道是我把幸福感传递给了女儿。

因为母女间的脐带式关系,母亲与女儿天生就有一种心灵相通的感觉。妈妈感受到了什么,女儿同样会心有灵犀地感觉到。如同例子中的妈妈一样,当她感觉到生活很美好、很幸福时,这种对待生活满意的态度也会在潜移默化间传递给女儿。

一旦女孩对生活抱有一种满意和感恩的态度,那她将忽略掉生活中的烦恼和忧愁,而更多地去体会和享受生活中美好、积极、向上的一面。这样,女孩既不会被那些不良的情绪所拖累,同时也会生活得很轻松、很洒脱。

2. 生活中,母亲要有意识地与女儿讨论有关"幸福"的话题。

比如,妈妈要经常问女儿:"你感到幸福吗?"如果女儿说:"我感到很幸福。"那么,妈妈应该引导女孩说出自己的幸福是什么,以及让其感到幸福的原因。

因为在小女孩的头脑中,幸福的概念是模糊的、不确定的。通过语言把它说出来,既能让女孩明确关于幸福的具体内容,也能使其了解到导致幸福的因素是什么,这将非常有利于提高女孩感知幸福的能力。

如果女儿说:"不,我感到不幸福。"此时的妈妈就要极力引导她们看到幸福的每一个瞬间。

例如,妈妈可以这样对女儿说:"为什么感到不幸福呢?你看看,今天的天气多好啊,出去走走,暖暖的阳光照在身上不是一种幸福吗?你再想想,每天早上妈妈给你做早餐,爸爸送你上学,你不高兴吗?难道你没有感觉到幸福吗?"……

母亲在引导女儿看到幸福瞬间的同时,也是在扩散幸福的含义。这种幸福感一旦在女孩的意念中扩散开来,必将引领她们走向更加美好的人生。

方法三:赋予女儿有条理、有节奏的生活

与大大咧咧、不修边幅的男孩相比,女孩给人的印象是:整洁、干净、漂亮。然而,生活中我们也会见到这样的女孩:

她们总是邋里邋遢,对如何打理自己的头发、服饰等一无所知;

她们的生活区总是乱糟糟的,就像个"猪窝";

……

不可否认,女孩对美有着独特的理解力和审评力,她们从小就对自己的服饰、相貌等十分在意。正因为这样,女孩在处理有关自己的一切事物时,都以极高的审美标准来要求自己,而干净、整洁是她们对自己的最基本要求。

那么,为什么一向喜欢干净、整洁、漂亮的女孩,也会表现得如此"与众不同"呢?

行为学家针对女孩的生活出现脏乱差及没有条理性等问题,做过一项调查问卷。结果显示,在众多的原因中,来自母亲的不良榜样作用的占82%。

这项调查问卷可以充分说明,女孩的生活出现没有条理、不合规格的事情,很大一部分原因是由于母亲没有做好榜样。

这个时候,一些妈妈们会说,我平时太忙了,也很累,可能在操持家务上,或是在家人日常生活的料理上没能够做到尽善尽美。作为成人,我们能够理解:妈妈们由于工作繁累、琐事缠身等各种原因,偶尔会疏忽一些事情。比如,忘记了收拾屋子,饭后没有及时洗碗,攒了几天的脏衣服一直放在洗衣机里……

对成人来说这算不了什么,只要一有时间,任何一位母亲都会把这些事情打理得井井有条。但是,对于刚刚学会生活的小女孩来说,这无疑是形成她们不良生活习惯的一个诱因。也许大多数妈妈并没有意识到它的严重性,但它的的确确对我们的女儿产生了很大的影响。我们可以毫不夸张地说,据不完全统计,妈妈的生活井井有条,80%以上的女儿也会生活得有条不紊,反之亦然。例如:

母亲做事情慌慌张张,女儿多半也不会遇事冷静沉着;

母亲的生活节奏很快,总是赶着日子过,其女儿也不会生活得张弛有度、劳逸结合;

……

那么,妈妈们应该怎样做才能让女儿的生活更有条理呢?

一位成功的母亲是这样做的:

我本身是个爱干净的人,家里也从来都是收拾得很整洁。可是,最近工作实在太忙,有时我真不爱动。但是,我知道我的生活方式对女儿影响太大。所以,每当我累了的时候,我就会对女儿说:"好女儿,妈妈今天太累了,你看看,家里这么脏,住着好不舒服啊,你能帮帮妈妈吗?"听到我这样说,女儿当然愿意帮忙。而后,我还会对她说:"我的女儿真棒,又勤劳、又爱干净,把我们的家打理得井井有条,住着也开心。"

女儿在我的鼓励下,真的把自己的生活也规划得很合理。

一个爱干净、能把家里所有东西归置得很有条理的人,她的生活也会因此而轻松和舒缓。如例子中的妈妈一样,如果自己没有以身作则,至少要培养女儿合理生活的意识。在妈妈的鼓励和督促下,女孩一样可以养成一个好的生活习惯。

在前面我们曾提到,对女孩来说,她们的生活既要有条理性,又要有节奏感。那么,什么又是"生活节奏感"呢?

其实,就是生活的速度——是每天急匆匆地吃饭、急匆匆地上班、上班后又盼着早点下班,每天像赶着生活走一样;还是把所有的事情都打点好,什么时间做什么事情,该工作时全力以赴,该休息时尽情享受生活,随着生活一起走,享受生活中的每一个瞬间……这些都是我们所说的生活节奏感。

对女孩来说,这一点很重要。事实上,没有人会说一个匆匆忙忙,看上去很着急的女孩是优雅的、有魅力的。生活在于享受它的过程,并不在于结果。

那么,对于此,母亲又该如何来引导女儿呢?

方法很简单:对女孩的要求不要太苛刻,教她学会适当的放松。

一位母亲这样讲述她的育女经验:

在女儿8岁的时候,一天她在做数学题,可是怎么也做不出来。看着女儿发愁又着急的样子,我对她说:"女儿,你先休息一会儿,然后再来做这道题,也许那时会做出来的哦。"

女儿听了我的话，去外面玩了一会儿。当她再来做这道题时，果真做出来了。女儿一边亲吻我，一边说："妈妈，你太厉害了，你怎么知道我玩一会儿后就能做出来？"我对她说："这是你调节好自己状态的结果。"

在养育女孩的过程中，母亲切忌对女儿要求过于苛刻。就像例子中的妈妈一样，当女儿遇到不会做的难题时，妈妈没有必要非让女儿在第一时间做出来，可以先让女儿放松一会儿，在她充分调节好自己的紧张情绪时，她也许真的就会得出正确的答案。

在培养女孩时，尤其是妈妈要特别注意不能过分苛责她们。适当的时候放松一下对女孩的要求，能够让她们学会有节奏地生活，学会享受生活的美丽。

本节重点图示：做好女儿的榜样，母亲应当这样做

1. **家庭妈妈：告诉女儿你的幸福。**

写在图画前面：年轻的妈妈因为要抚养幼小的女儿，花费了大量的时间和精力，甚至影响了自己的工作。

母亲在尽心照顾女儿的同时，必须让女儿深切地感受到：作为母亲，自己是快乐的。要知道，以自己母亲为榜样的女孩，往往就是依据母亲的感受，来对自己的社会角色进行定位的。当女孩感受到了做母亲的幸福，她才能在未来的生活中更好地承担起家庭的责任。

2. **职业妈妈：告诉女儿你的快乐。**

写在图画前面：下班后，妈妈拖着疲惫的身体回到了家，女儿问妈妈："妈妈，工作很累吗？"

如果女孩从小就认定，工作是一件让女人备感痛苦的事情，那么我们可以想见，长大成人后的女孩也必然不愿意选择成为职业女性。为此，她们也将更愿意依靠父母或男人生活，进而成为他人的附属品。

3. 母亲要提升自己对生活的满意度。

写在图画前面：一天，妈妈和女儿刚要出门，忽然下起了雨。

(×)   (√)

妈妈看到的多是生活中美好的一面，女儿才能更多体味到生活中幸福的一面。可以说，妈妈对生活的满意度，将直接影响女儿感知幸福的能力。

4. 引导女儿感触身边的幸福。

写在图画前面：一天，妈妈和女儿谈到关于"幸福"的话题，女儿忽然对妈妈说："妈妈，我感觉自己很不幸福。"

(×)   (√)

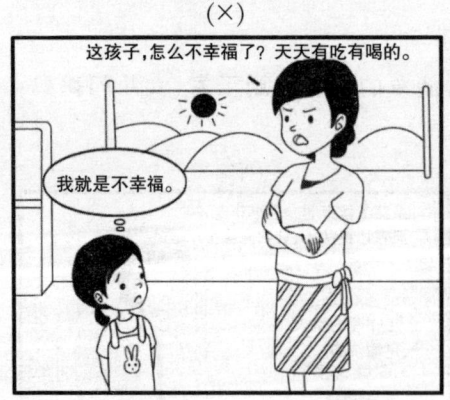 

在小女孩的头脑中，"幸福"的概念往往是模糊的、不确定的。对此，妈妈一定要做出相应的、具体的引导，让女儿更多体味到生活中幸福的点点滴滴。

5. 引导女儿生活得更有条理。

写在图画前面：一天，妈妈和女儿一同在家。

面对房间的脏乱，妈妈千万不能在女儿面前表现出可以容忍的态度。要想让女儿形成有条理的生活习惯，母亲一定要以身作则做好榜样。如果是因为疲惫等原因，那么邀请女儿一同打扫是一个不错的办法。

6. 不要对女儿过于苛刻，让她愉快地进步。

写在图画前面：8岁的女孩在做一道数学题，想了很久还没有做出来。

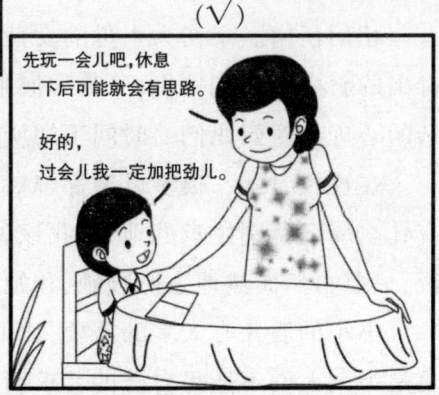

女孩的生活应该是舒缓、优雅而有节奏的。因而，在养育女孩的过程中，母亲切忌对女儿要求过于苛刻。适当对女孩放宽要求，能够让她们在有节奏的生活中，学会享受生活的美丽过程。

二 母亲是女儿的一面镜子
——教女孩正确认识自己

对母亲而言,女儿的出生意味着亲子关系的开始。而在女儿的生命之初,大多数母亲不知道如何发展亲密的母女关系;随着女孩的成长,有些母亲也不知道如何把自己无私的爱传递给女儿。

那么,在女孩生命的不同时期,母亲的角色发生了怎样的变化,母爱应该有哪些不同的表现呢?

1. 女孩婴幼儿时期,建立母婴关系。

在女儿生命的早期,母亲的感受是相当矛盾的,特别是那些在外拥有职业的女性。从广阔的外部世界转移到小小的、软软的婴儿世界,很多母亲会不知从何下手。

一位母亲在生育之初曾这样描述自己的内心感受:

我感到很混乱,甚至不愿意接受我当妈妈的现实。看到女儿小小的身体,我会有种莫名的感动,也有很多担心。有时,我也会突然怀念从前的日子,没有忧虑、没有压力。"妈妈"的身份让我又喜又忧,我觉得我需要一段时间来接受我当妈妈的现实。

相信任何一个初为人母的女性都有这样的想法,她们既对自己孕育出的新生命感到惊喜,又为如何把她养大而感到担忧。这种矛盾复杂的心理让新妈妈们一时间不知所措。

在这段时期,很多母亲都曾对我说,"我真不知道她有什么需要,有什么应该特别注意的地方,我该怎么办呢?"此时,我会对这些母亲说,只要自然而然地去照顾她,和她建立亲密的母婴关系就好。

小小的婴儿有太多的需要,比如她们要吃、要喝、要疼爱……她们总是为大人们不懂得自己的要求而哭泣。这时候,母亲只要顺其自然地满足她的需求就可以了。比如,她饿了给她吃,她需要关怀就抱着她,她尿湿了为她换尿布……

此时,妈妈的主要任务是照顾好婴儿的基本生活:

为婴儿提供母乳;

为婴儿洗澡、换洗衣服、换洗尿布;

保护她们不要生病;

……

对于婴幼儿时期的女孩来说,妈妈的更多呵护和陪伴将影响她们的一生。

2. 女孩童年时期,保持母女紧密联系。

当女孩开始探索外部世界时,母亲的角色又要发生变化。母亲不仅仅要照顾女儿的基本生活,也要对女儿的各种行为担当起保护者和限制者的角色。我们的耳边常常会响起母亲这样的话语:

不许一个人到马路上去,那太危险;

不许在衣服上乱涂颜色,不好洗;

不许跟爸爸妈妈说谎,那样不是好孩子;

……

在这段岁月,女孩探索未知世界的能力令妈妈非常惊讶,她们对什么都感兴趣,什么事都想去试一试,而妈妈却总是有太多的"不允许"等着女儿。但也正因为妈妈过多的限制,女孩反倒以为妈妈不允许的事情一定更有趣。同时,这也会激发女孩更大的好奇心,于是妈妈的态度将一改从前的友好,对她们"严加管教"。慢慢地,母女关系在妈妈的喝令声中亮起了红灯。

而在母女关系的优越性正在逐渐淡化时,爸爸的地位却得到了很大程度的提升。在这一阶级,女孩更喜欢和爸爸在一起、喜欢与爸爸交流,同时更热衷于男孩子的游戏……

一个女孩这样回忆自己的童年:

我那时不喜欢妈妈,她总是不让我干这个,不让我碰那个。我讨厌她那严厉的表情。相比较爸爸比妈妈好,他很少限制我的行为,还总是给我一种

新鲜的感觉。我那时总是和爸爸在一起,我们一起玩球、追着跑……

因为妈妈的角色要求,使得她们必须对女儿提出更多的"禁令",而这也在无意中影响了母女之间的关系。此时,一些妈妈会很伤心,她们觉得自己正被女儿一点点地疏远,有时还会嫉妒女儿对爸爸的依恋。

其实,妈妈完全没有必要这么做,此时保持母女间的紧密联系才是最重要的。那么,生活中妈妈们又该怎么做呢?

一位母亲这样和我们分享她的经验:

当女儿不再像以前那样和我亲近时,我确实很难过。但我努力说服自己相信女儿不是要和我分离,而只是在表现她男性特征的一个侧面。我给她更多的时间和空间和爸爸呆在一起,对她的关照和爱也一如既往,甚至我还会主动创造许多和女儿建立联系的机会。

比如,睡觉前我会和女儿分享这一天的欢乐;看电视时我会主动坐到她身边;她玩游戏时我也会参与;也会主动拉着她和我一起做家务……我对她表现出格外的关注。渐渐地我发现,我们的关系又像从前那样亲密了,我真的很欣慰。

当女孩更多亲近父亲时,妈妈不要感到失落和难过。此时,妈妈必须意识到,女儿与爸爸接触有利于发展她的男性特征并学会如何与男性相处。事实上,母亲保持与女儿的紧密联系既可以帮助女儿学习这些重要的课程,又可以把女儿重新拉回到自己身边。

就像例子中的妈妈一样,创造与女儿联系的机会,主动与之接触。比如,一起聊天,一起做些事情,睡前照看女儿……这样,即便妈妈有再多的"不允许",女儿也不会"望而生畏"。

3. 女孩的青春期,母亲以朋友的身份与女儿交往。

对于母亲而言,女孩的青春期可能是糟糕的也可能是美妙的。当女儿对母亲吐露成长中令人困惑的感受时,母亲会发现她们之间形成了一种更为亲密的关系;当女儿不愿意和母亲交流时,那么问题可能就严重了:它一方面会影响母女间的亲密关系,一方面会促成女儿青春期诸多典型的问题,比如早恋、早孕、说谎等。

因此在这一阶段,母亲的角色必须发生转变。在这段时期,妈妈们尽量不要用"母亲"的身份与女儿对话——太多的管束和禁令,既会让女孩感到压力和不自在,也会遏制她们想要与母亲交流的意愿。

那么,面对青春期的女孩,妈妈们应该怎么办呢?

心理学家经过多年研究,得出这样的结论:

※对待青春期的女孩,如果母亲以朋友的身份与之进行交流,并正确地引导她们,那么女孩青春期的诸多问题都会迎刃而解。

这时候,会有一些家长提出这样的疑问,如果我们以朋友的身份与女儿相处,那我们母亲的身份和权威不就没有了吗?

其实,家长们这样的顾虑是多余的。

这个时候,如果妈妈能够以朋友的身份与女儿进行对话,那女儿就会把自己复杂的情感和莫名其妙的想法告诉母亲,这将非常有利于家长掌握女孩的心理状态并给予她相应的帮助。在与女儿建立了朋友式的亲密关系的同时又为女儿提供了帮助,这样的母亲在女儿心中怎么会没有身份和权威呢!

那么,作为与女孩最亲近的人,母亲应该怎样扮演好"朋友"的角色呢?

我熟识的一位母亲是这样做的:

在女儿十几岁的时候,她有很多不同于以往的情感变化,当然我非常理解她,因为我也曾有过类似的经历。这时候我不再像以往那样严格要求她,禁止她这个,禁止她那个的,我把所有的事情都不放在眼里,自然平和地和她交流……对于我的态度,女儿一点也不反感,她会对我说很多她的事情。

有一次,女儿对我说:"妈妈,我觉得我学习特别努力,但为什么成绩总是不够好呢?"我体谅地对她说:"我非常理解你,虽然我也不知道该怎么办,但我们可以一起想办法。"后来我们确实想到一些提高成绩的好办法。

"朋友"的定义首先是以平等的身份对话,这要求妈妈们必须放下"母亲"的身段。同例子中的母亲一样,不对十几岁的女孩随意发号施

令,而是以平和的心态与之交流。

当女儿向你吐露心声时,妈妈一定要对女儿这样说:"我能理解,我们可以一起想办法。"这样既肯定了女儿的感受,同时又和女儿建立了可靠的母女联盟。久而久之,女儿也乐意把妈妈当成自己的一个朋友,并与之分享自己的喜怒哀乐和各种感情变化。在这种融洽自在的感情关系中,女儿不仅会接受来自母亲的建议,还会对母亲格外尊敬。

此外,妈妈们也要像朋友一样与女儿经常在一起。比如带女儿一起参加自己的各种活动,陪女儿一起参加她的各项活动。在轻松自然的氛围中,母亲可以把各种你所知道的、感受到的正面思想统统传授给女儿,包括如何对待感情、如何正确认识男性、如何设定目标和理想以及正确的价值观和道德观等等。

生活中,母亲除了在女孩不同的生命时期,给予她们不同的关爱外,还应让女孩清醒地认识自我。这也就是说,母亲作为女儿的榜样,除了要教会女儿如何做女人,还应成为女儿的一面镜子,教会女儿正确地认识自己。鉴于此,我们为家长提供以下几点建议:

方法一:提高女儿的自我决断力——母亲要做到"权威和放权"相结合

生活中,我们常常听到母女间这样的对话:

对话一:

女儿:妈妈,今天我参加表演,你说我穿这件衣服好呢,还是穿那件好呢?

妈妈:我看都挺好的,你喜欢穿哪件就穿哪件。

女儿:哎呀,妈妈你帮我选吧,我不知道穿什么。

对话二:

妈妈:女儿,今天你想吃什么啊,妈妈买了好多菜。

女儿:我也不知道想吃什么,妈妈做什么我都爱吃。

也许这是每个家庭中经常发生的情景,也是母女间充满了温情的对话。但是,亲爱的家长朋友,从这些对话中,你看出什么问题了吗?

是的,对于"吃什么""穿什么"等一些简单的问题,我们的女儿很多时候不能做出很好的选择。其实,这与女孩天性中的一些弱点,如依赖性强、缺乏主见等直接相关。一般来说,这在女孩很小的时候就表现出来了。比如,女孩想要买新书包,却很难从众多漂亮的书包中选择一个自己想要的。

说到这里,很多父母开始为女儿担心起来:女孩面对将来更多的选择时,她们是否也会出现这样的问题?

当然,如果父母还没有针对这一点对女儿进行必要的培养,那么她们在将来面对更重要的一些选择时同样会不知所措,比如学业方向、择偶对象等。

这样一来,作为女孩的家长,就十分有必要对她们进行一些自我决断力的训练。而母亲在生活的很多细节中,将会有更多的机会训练和培养她们。

那么,妈妈们在生活中要怎样来做呢?

对此,我的建议是这样的:**母亲要放一定权力给女儿**。也就是说,在生活的诸多细小的选择上,母亲一定要让女儿自己来做决定,母亲只需给出建议即可。

一位母亲是这样做的:

我自认为在培养女儿自我决断力方面,自己做得很成功。比如,女儿让我帮她选穿哪件衣服好,我会鼓励她自己做决定,我对她说:"我觉得都不错,还是你自己决定吧,只要是你认为好看的,别人也会这么认为。"这样一说,女儿自然会信心十足地做出选择。

还有在生活中的很多小事上,我都不管她,让她自己看着办。比如,要买哪一种款式、哪一种颜色的文具;回到家是先写作业,还是先玩一会儿等。我认为她自己可以做判断的事我都不插手。现在,有时女儿会这样对我说:"妈妈,我要买那个书包。它的颜色我很喜欢,好像还能装很多东西,而且价钱也合适……"听了这样的话,我窃喜不已。

是这样的,小女孩在母亲的鼓励和激发下,完全可以做出选择而且还是很好的选择。如例子中的妈妈一样,除了鼓励女儿外,在生活的

很多细小问题上完全放权给女儿,母亲或许提供一点建议,或许只是在一旁注视着她就好。如果女孩从小就接受这样的锻炼,那么任何一个女孩都会拥有很强的决断力。

讲到这里,很多家长会提出质疑,如果我们放权给女儿,导致她放任自流,或是一意孤行该怎么办?我们给她太多自由选择的权利,到最后她连我们的意见都不去参考,那又该怎么办?

家长的考虑是细致的,也是正确的。生活中确实存在这样的问题,比如很多女孩根本不听妈妈的话,她们想怎么样就怎么样,想要哪一个就是哪一个,很固执。这对女孩来说并非是一件好事。

事实上,想要解决这个问题并不难,方法是:**在放权给女孩的同时,母亲要树立权威**。这可以理解为,在小事上,母亲让女儿自由做决定;但在一些对女儿来说影响深远的事情上,母亲一定保持绝对的权威和决策力,替女儿把好关,比如在学业、事业、婚姻问题上。笼统来讲,我们可以概括为"抓大放小"策略。

我的一位朋友,曾这样讲述了自己的经验之谈:

我和女儿的关系一直很好,平时我不怎么管她,像吃什么、穿什么、买什么、用什么、玩什么等这些事情,都由着她。但是,在选择上哪所高中时,我们的意见出现了分歧。

女儿因为某男孩的原因想去另外一所学校,我当时的态度非常坚决。我对女儿说:"在这个问题上,你必须听我的,你没有别的选择。"在我的强势决断下,女儿只能服从我。现在,她长大了,而且她非常的优秀,从女儿的态度中我知道她很感谢我。

在女孩人生中几个重要的转折点上,母亲必须通过"绝对权威"帮助女儿做出正确决定。如同例子中的女孩一样,因为妈妈的坚持,她能够上一所好学校,而她的生活也因此变得美好。当女儿意识到这一切都是拜妈妈所赐时,她对母亲不仅是感激,还有崇高的敬意。母亲的威信自然而然会在女儿的心中树立起来。

不仅是这样,女儿对母亲崇敬的同时,还将学着妈妈的样子做事。那么女孩的决断能力也将在这一过程中得到提高。

方法二:汇聚女儿的人缘——教女孩一些与人交往的方式

我们先来看看这样一个家庭片段:

上初中的女孩正在放暑假。一天,她的妈妈有些不舒服,到了吃午饭的时候,女孩让妈妈为她做饭。

"女儿,妈妈有点难受,要不你自己弄点吃的吧。"妈妈说。

"不,我不会,放假是让我来休息的,不是让妈妈来偷懒的。你如果不做饭,我就打电话让爸爸回来。"女儿撅着小嘴说。

……

看到这里,我们不禁为女儿的冷漠和自私感到震惊。但在现实生活中却的确有这样的女孩——她们冷漠,不关心别人,不在乎他人的感受,对别人的一切事情都不感兴趣;她们自私,一心只在乎自己如何如何,只注重自己的感受,只想着从别人那里索取,而不知道回报。

我们在前面曾提到,女孩生活在关系的世界里,她们看重人与人之间的关系,她们善解人意、体贴温柔、贤良淑德……这些都是女孩的天性,也是女孩最美的一面。然而原本温柔、体贴的女孩到哪里去了,怎么突然变得如此冷漠又自私呢?

针对这个问题,我曾多次做过调查问卷,结果显示,女孩与人交往的方式大多是从母亲那里学来的。

现实中有很多这样的母亲,她们把全部身心都献给了家庭,献给了丈夫和孩子,平日里很少与自己的朋友、同学甚至是亲人联系。渐渐地,母亲疏远了自己的朋友和亲人,在人际交往中走入了狭区。比如,家里来的客人多数是爸爸的朋友、同事、同学;而妈妈下班后要么是陪孩子学书法、学画画,要么是一大堆家务等着自己——妈妈们几乎没有时间和同学叙叙旧,和同事聊聊天……

作为成人,我们理解妈妈的辛苦。但是妈妈们也要意识到:母亲与他人的交往方式,往往就是女儿与他人交往的方式。妈妈不由自主地退出交际圈,会给女儿一种错觉:别人的事情妈妈不关心。在这种错误的认知下,女孩慢慢地也会变得疏远亲人、冷漠他人。

这样的交往方式,对女孩来说是极其不利的。它不仅限制了女孩去开阔视野,同时也阻碍了她们去开拓更为广阔的世界。

那么,作为母亲,我们应该怎么办呢?

一位心理学家给我讲过这样一件事情:

刚刚8岁的小孙女给奶奶打去一个电话。在电话里她像个小大人似的对奶奶说:"奶奶,最近身体好吗?平时要多注意身体,天气凉了多加衣服……"听了小孙女的话,奶奶感动得眼泪都掉下来了。

后来,有人问小女孩怎么突然这样对奶奶说。女孩天真地说:"因为我妈妈总是这样,她和奶奶说的那些话,我都能背下来了。"

这样一幅温情脉脉的画面着实让人感动。一个8岁的女孩在对待亲情上,原本没有达到那样成熟的地步。但是,因为妈妈平日里对待家人关心、体贴、嘘寒问暖,她的态度让女孩学会了"温情式"的人际交往模式。

人是需要亲情的呵护和滋养的,对女孩来说更是如此。日常生活中普通的一句关心话"怎么了,不舒服吗",一句简单的问候"最近好吗",一句鼓励"坚持住"……都代表你的心时刻与家人连在一起。如果女孩学会了随时随地与亲人传递关心、祝福,那么她的生活将充满温情和感动。

除了亲人外,我们的生活中还有另外一类重要成员,那就是——朋友。朋友对于我们的意义,不用我再细说,相信任何人都能明白。在这里,最为重要的是,作为母亲,应该怎样把交友之道传达给女儿。

一位母亲的经验是这样的:

我7岁的女儿一天对我说:"妈妈,我有个朋友明天过生日,我想为她准备一份礼物,你说送她什么好呢?"

我当时有些纳闷,这样小小的孩子怎么会如此"世故"?当然,我没有拒绝女儿的要求,只是问了问:"女儿,怎么这么懂事啊,你是怎么知道朋友过生日要送礼物的?"

女儿仰着小脸,天真地对我说:"是和妈妈学的啊,前一阵,你也是这样送阿姨一份生日礼物的。"

我突然想起来了。前段日子我一个同学过生日,我确实送过她一份礼物。那一刻,我突然意识到作为母亲的责任有多重。

例子中妈妈无意间的一个举动,竟让女儿学会了"送朋友生日礼物"。可以毫不夸张地说,女孩学会了与朋友交往的"小技巧",势必会得到更多来自友谊的帮助和力量。那么我们可以想象,如果妈妈在生活中这样做:

经常和朋友联系,询问他们的近况,并给予力所能及的帮助;
对待周围的人都很热情,能够帮助需要帮助的人;
经常问候和关心自己的家人,逢年过节送去礼物和问候;
能为别人着想,经常考虑他人的感受;
……

那么,女孩将学到什么可想而知。如果女孩身边所有的人都喜欢她,包括亲人、朋友、同学等,那么,女孩的人缘指数将会很高,她生活的幸福指数也会随之提高。想一想,这样的女孩,她的生活该有多么美好啊!

方法三:让女儿追求精致生活——培养女孩的好习惯

我们都知道,追求完美的女孩对生活的挑剔程度很高。自然,在她们要求精致生活的同时,必须有良好的自身生活习惯相匹配。然而,生活中的女孩会有一些不好的习惯,比如懒惰、马虎等。这些无疑降低了她们所追求的"精致生活"的品味。

我们说母亲是女儿的一面镜子,帮助女儿认识自己,这其中很重要的一点就是:妈妈的生活习惯是怎样的,往往女儿的生活习惯也是怎样的。比如,一个做事马虎、粗枝大叶的母亲,其女儿也不会细心到哪里去。

当然,如果母亲没有时间做到最好,那至少要擦亮镜子,帮助女儿照出最美的自己。也就是说,妈妈必须帮助女儿形成好的生活习惯。

下面我们主要针对女孩生活中的两个细节,进行说明:

1. 培养女儿做事细致认真的好习惯。

我常听到一些成熟女性这样说:

我不会梳头发,费了很长时间头发也是乱七八糟;
我不会叠衣服,那太难了;
……

为什么这些长大成人的女孩子，对梳头发、叠衣服等小事都掌握不好呢？我曾问过她们原因，其中一些女性回忆说："记得我妈妈好像也是这样的。在我的印象中妈妈似乎没有留过长发，而且她也很少给我梳头发；对于叠衣服这事，妈妈说她很忙，我看到的也是她把衣服随便地放在那里……"

讲到这里我们似乎有了答案，女儿对待生活的细枝末节都是受妈妈的影响。

然而，生活中的很多妈妈对此不以为然，她们认为自己不追求生活的细节是有原因的，而女儿长大后自然可以学会那些琐事。事实的确如此吗？答案当然是否定的。无数心理学方面的研究都表明：表面看来梳头发、叠衣服等确实是芝麻小事，但如果对待这些事情女孩总是马马虎虎、不求细致，那她们就会慢慢养成一种粗心大意、做事不够认真仔细的性格。

可想而知，这样的女孩不仅不能很好地打理自己的生活，工作上也常会因为马虎大意、不认真而不能很好地展现自己的才能。在生活和工作中，相信家长们对这样的女性形象也一定不陌生。

这样看来，生活琐事对女孩来说并不是一件小事情。那么，妈妈们在女孩小的时候要怎么来培养她认真细致的习惯呢？

一位母亲的经验是这样的：**让女儿学做一些细活**。

我喜欢把女儿打扮得漂漂亮亮的，所以不管多忙我都会为她梳理好头发。并且，在她很小的时候我就让女儿学我的样子叠衣服。

不管我在做什么家务，我都会拉上女儿。我让她帮我把大米里的小石子挑出来，让她把菜择干净，让她把地板上的头发拾起来，让她把桌子上没有擦净的一块污渍弄干净……后来我发现，女儿不仅要求细节上的完美，而且会很耐心、认真地做各种事情。

也许大多数的妈妈之前并没有想过，此类小事会养成女儿细心认真的习惯。那么从现在开始，妈妈们要注意了，越是琐碎的事情越要让女孩来做。如例子中的妈妈一样，除了教女儿梳头发、叠衣服外，还要让她们择菜、擦地、擦桌子、洗衣服等。对于孩子来说，做事细致认真的个性往往就是这样培养出来的。

2. 培养女儿勤快、麻利的好习惯。

在养育女孩的过程中,我们常常听到妈妈这样的抱怨:

她太懒惰了,早上不爱起床,闹钟响几次也没用;

她做事总是拖拖拉拉,就连洗碗也能用一个小时;

……

毋庸置疑,小女孩在成长的过程中,一定会有一些不好的毛病,懒惰、拖拉只是一个方面。

这个时候,很多母亲会提出疑问:难道女儿的坏毛病,也和我的教育方式有关系?我在这里不得不给出一个令母亲伤心的答案:是的,女儿坏毛病的养成依然与母亲的教育方式有关系。

在任何一个家庭里,母亲都是慈爱、温柔的代名词。当面对女儿稚嫩的声音,"妈妈,让我再睡一会儿吧,我实在不想起",母亲的心一下就柔软起来。当看到女儿累了半天还在磨蹭着拖地板时,母亲会麻利地夺过女儿手中的拖把……只要女儿发出"求救"的信号,或是看到女儿需要帮助,妈妈的心都会被融化。她们会放下"严厉",放下"劳累",义无反顾地帮助她们。而很多时候也正是由于妈妈的"心软",使得女孩开始"放纵自己"。例如女儿会这样认为,"再睡一会儿没关系,即便上学迟到妈妈也会全部搞定"、"我做得慢一点,妈妈会来帮我的"。不知不觉中,女儿懒散的习惯不但没有改掉,反而越演越烈。

那么,面对女儿的坏毛病,妈妈们应该怎么办呢?

事实上,针对女孩的不良习惯,母亲最好的方法有两个:其一,硬下心来;其二,自然结果法。

所谓硬下心来,是指在教育女孩时母亲不能心软,要做到不讲私情,严格按照规定、规则去做。

所谓自然结果,是指母亲多次纠正女儿的坏毛病,当她屡教不改时,母亲不应该为女儿收拾"烂摊子",而应该让她接受自然结果的惩罚。

一位母亲为我们提供了一些有效的方法:

一天早晨,我叫女儿起床,催了几遍她也不起来。我决定改变一下

自己的教育方法,所以那天我准备好早餐后没有再去叫女儿起床。当她起来时,已经过了上学的时间,女儿早餐也没有吃,就匆匆忙忙地跑去学校了。

当然,因为迟到她挨了批评。第二天,在闹钟响过几遍后,女儿还是没有起床。眼看就要迟到,但我还是忍住没有去叫她,结果女儿又挨了批评。以后的几天里,我再也没有叫过女儿起床,但她已经能够按时起床,按时去上学了。

必要的时候,妈妈必须采取这种方法纠正女儿的坏毛病。如例子中的妈妈一样,女儿懒散不爱起床,妈妈在多次劝导无效后,就应采取行动了——即便知道女儿会迟到也不去叫她。当女儿尝到上学迟到带来的"恶果"时,她自然不会再像以前那样了。

本节重点图示:赋予女儿好未来,母亲应当这样做

1. 生活小事方面,放权给女儿。

写在图画前面:8岁的女儿要参加学校的演出,在着装问题上她问妈妈:"妈妈,你说我穿这件衣服好,还是穿那件衣服好呢?"

在日常生活琐事上,母亲一定要学会放权给女儿,鼓励女儿自己做出决定。通过对生活小事的自由选择和决定,女孩的自我决断能力往往会得到大幅度提升。

2. 人生大事方面,帮女儿把好关。

写在图画前面:在选择上哪所高中时,女儿和母亲的意见出现了分歧。

面对人生的很多重大选择,善于感性思维的小女孩往往不能做出准确的判断,此时过度放权显然不利于女孩的发展。因此,母亲必须在关键时刻保持绝对权威,替女儿把好关。

3. 妈妈教给女孩一些人际交往的方法。

4. 从小培养女儿做事细致认真的好习惯。

写在图画前面：女孩有时候做事不细致，也没有耐心。为了培养她做事耐心的好习惯，妈妈让她帮忙叠衣服。

女孩良好习惯的养成，是需要母亲付出更多努力与耐心的。如果生活的诸多琐事母亲让女儿亲自去做，并监督她认真完成，那女孩就容易养成认真、细心的好习惯。

5. 用"自然结果"纠正女儿的坏习惯。

写在图画前面:女孩做事很懒散,常常闹钟响了几遍也不起床。

在改掉女孩的坏毛病时,母亲一定不要心软。当女孩感受到坏的行为习惯会让她受到批评和斥责时,她就会学会自己管理自己,进而养成良好习惯,这就是所谓的"自然结果"法。

三 母亲是唤醒女儿的第一人
——塑造女孩的性格

在我的身边,常常有这样的事情发生:

朋友有一个8岁的女儿,非常可爱。当我去她家做客时,女孩见到我感到很陌生,没有和我打招呼。我走的时候,她也表现得很拘束。

后来我听说,女孩的妈妈因为这件事把她训斥了一顿,竟然长达两个小时。女儿哭着去找爸爸,爸爸一边安慰女儿一边对她说:"宝贝,不要哭了,那根本不算什么。"可是女孩从妈妈严肃的表情、严厉的话语中看出事情并没有那么简单。

母亲似乎没有办法很快原谅女儿犯的错,而父亲通常会很体谅女儿的"苦楚"。那么,为什么母亲对女儿这样的苛刻呢?

我为此查阅过很多相关的教育学、心理学的书籍,最后得出这样的结论:母亲之所以对女儿更严厉、更苛刻,一方面是因为父亲和母亲的个性不同;另一方面是因为父亲和母亲对待女儿的态度不同。

父亲这一方面——

因为男性的个性通常是比较粗糙的,他们不太注意生活的小细节,比如吃什么、穿什么、妻子在家里是否摆了一束花可能都不会被男性注意到。父亲的生活是这样,他们对待女儿也是这样的。通常情况下,对于女儿生活中的小事父亲都不会太关注。正是因为这样,父亲也很难发现女儿身上存在的毛病。比如,爸爸注意不到女儿见到客人不打招呼的毛病;爸爸也看不到女儿懒散、做事不认真的毛病……

此外人们常说女儿是爸爸前世的情人,所以爸爸对女儿更是有种特别的情愫。当小女孩对着爸爸撒娇时,任何一位父亲都会表现出从未有过的柔情;当看到女儿沾满泪水的脸庞时,父亲更会倾其所有为女儿付出。从这个角度,我们与其说父亲疼爱女儿,不如说父亲被女儿征服。他被女儿的娇小、柔情所征服,眼里看到的也都是女儿的好、女儿的乖。在任何一位父亲的心中,女儿都是完美无瑕的。

母亲这一方面——

我们都知道,女性是天生的"观察员"。她们的观察力比较敏锐,做事比较细致,所以母亲更能发现女儿的不足。比如,女儿写字的时候爱咬铅笔帽、说话的时候偶尔带出脏字、看书时离书本太近等,这些都是母亲最先发现的。女儿做事是慢吞吞的,还是慌慌张张的,也都最先进入母亲的视线。总之,母亲能够发现女儿身上很多细小的缺点和毛病。

另外一点,任何母亲都对女儿存有一种苛求完美的心理。为什么这样说呢?因为母亲本身可能有着各种各样的缺点,她们在过着不完美生活的同时,非常希望女儿不再像自己一样。在各个方面,母亲都要求女儿做到完美,进而对她们的缺点和不足总是不肯放过。

很显然,我们不可否认这样一个事实:在生活中,母亲的确充当了规范女儿行为的角色。而这一行为规范过程,往往也是女孩性格的形成过程。如果母亲的教育是失败的,那女孩不仅不会养成好的生活习惯,还很难形成优秀的性格。

讲到这里,很多母亲会问,在养成女儿好性格的过程中,什么样的方法才算是科学的教育方法呢?下面我们将针对女孩性格中的两个方面,进行详细的说明:

方法一:女孩要维护自己的权益——让女孩敢于发言

在养育女孩的过程中,家长常常会发现女孩有这样的特点:

女儿在学校受了欺负,只会哭泣却不敢对大人说;

当女儿有与他人不同的看法时也不敢说;

……

我们在前面提到了,在女性的自身缺陷中存在这样一点,即女性柔弱、顺从、易没主见。但研究显示,女孩之所以表现出这样的特点,不仅与女孩的性别有关系,还与其母亲有很大的关系。

生活中常常有这样的母亲,在家里受到来自婆家一方的不公平待遇时,常常不敢向丈夫诉苦;在工作中由于多种原因自己多干活不说,还没得到应有的报酬,郁闷也常常独自忍受;在与他人的相处中,有不同于别人的看法时,也不敢发表自己的观点……

我们说妈妈是女儿的第一榜样。妈妈在生活中不经意的忍让,在无意中就会传递给女儿,使得很多女孩也表现得顺从、怯懦、没主见。当然,除了妈妈自身的影响外,母亲的教育方式也是造成女儿这一性格缺陷的原因。

为什么这么说呢?

我们都知道,女孩小的时候通常是很内向、很害羞的。比如,她们说话的声音总是很小,不爱和人打招呼,见到生人还不敢说话……这都是女孩天性的一种体现,基本每个女孩都会经历这样的阶段。一般来说,在她们经历怯懦、胆小的这段时期,如果家长没有注意锻炼她们的胆量和自信,那女孩内向、羞怯的性格就将在她的身上根深蒂固。

当然,这无疑会使女孩在未来的生活中,受到别人欺负或是吃了亏不敢说出来;当自己有不同于别人的想法时,也不敢直抒己见……

那么,在女孩最容易害羞和内向的阶段,为了培养女孩敢于发言的个性,母亲应该采用什么样的科学教育方法呢?

答案并不复杂:

※为了培养女孩敢于发言的个性,母亲可以采用的科学方法有两个:其一,让女孩大声说话;其二,引导女孩说出内心的感受。

此时很多母亲也许会发出这样的疑问:"我已经告诉过她很多遍了,让她大声说话。可是她胆子太小了,始终没有做到。我也不知道该怎么办了。"

是的,对于性情内向且害羞的女孩来说,让她们大声地对别人说话,似乎有些为难。但是,作为女孩的母亲我们却完全可以采用循序渐进的方法。例如,为了让女孩大声地说话,我们可以先让她们学会大声地朗读。

我们来看看,一位育女有方的母亲是怎样做的:

我9岁的女儿胆子很小,说话的声音就跟蚊子叫一样。我曾多次告诉她要大声说话,但她还是捏着嗓子说话。后来,我想到了一个好办法——让她大声地朗读故事。我先给女儿讲故事,用清脆洪亮的声音给她做示范。在引起女儿对故事的足够兴趣后,我让她试着去朗读,慢慢地让她大声地读。

起初女儿是怯声怯气的,在我不断的鼓励下,她朗读的声音渐渐地大起来。在她完全熟悉故事的情节后,她开始自信地大声读给我听。我和女儿就这样反复地听、反复地读,一遍遍地练习。后来我发现,女儿说话的声音真的比以前大很多了。

是这样的,让一个还不会走的孩子去跑,那确实很难。对待害羞、内向的女孩,我们不应该操之过急。

像例子中的妈妈一样,如果女儿不爱说话,或是不敢大声说话,妈妈可以在朗读中培养女儿的胆量和自信。这样,当她读得很好时,她就会按照妈妈说的去做——大声地朗读。慢慢地在大声的朗读过后,女孩自然就会自信满满地大声说话。可以想见,一个对自己充满自信的女孩,又怎能不敢自由地发表自己的意见,或是不敢维护自己的正当权利呢?

在培养女孩大胆表达自己的个性方面,除了要让女孩大声说话以外,还有很重要的一点就是:妈妈一定要引导女儿说出自己的内心感受。

一位母亲是这样做的:

我的女儿很害羞,有什么想法都不说。为了引导女儿说出自己内心的真实感受,我曾这样做过。

一次,和女儿去买衣服,我明明知道她喜欢那条连衣裙,但因为女儿没有说出来,所以我们空手而归。当我们第二次去商场时,女儿看到上次就看中的连衣裙实在抵不住,怯声怯气地对我说:"妈妈,我要这条裙子。"我自然是很愉快地买给了女儿。看着女儿快乐的样子,我说:"看,只要你说出来,妈妈怎么会不给你买呢?以后有什么想法,千万不能藏在心里,

一定要说出来。"在我的多次引导下,女儿慢慢有了一些改变。

在女孩小的时候,如果家长没有培养她们说出自己内心感受的习惯,那女孩长大后也一样不敢发表自己的看法。例子中的妈妈就很聪明,女儿不说她要买什么妈妈就不给她买,即便妈妈知道女儿喜欢什么。第二次依然是这样,女儿在"被逼无奈"的情况下,不得不说出自己的意愿。妈妈在给女儿买下裙子的同时,还不忘引导女儿说出自己的想法,让女儿知道一旦说出自己的内心愿望,也不难实现。可以想象,经历类似的锻炼多了,女孩又怎么会不敢于表达自己的内心感受呢?

在这里,也许有家长会问了:如果女儿的想法很荒谬,我们也要不分对错地满足或肯定吗?对于这个问题,其实并不难解决。当女孩有了不切实际的想法时,父母也不要急于否定她们,此时应首先肯定女儿的想法,然后再婉转地告诉女儿,她的愿望能否实现将根据实际情况而定。

比如,一个女孩在选生日礼物时,说要买一架钢琴,但家里的实际情况暂时不允许。这个时候,妈妈可以说:"嗯,我女儿的想法真是太棒了,但是因为一些状况,我们将在明年实现这个心愿。"

听到妈妈这样的话,大多数女孩是可以接受妈妈的意见的。这样,既肯定了女孩的想法,又没有打击她们的发言积极性。这对家长和女孩来说都是一件好事情。

方法二:让女儿成为优秀的人——激发女孩的进取心

一位母亲曾找到我,对我说过这样的一段话:

我家女儿一点上进心都没有,都上三年级了,学习也没有主动性。如果我们紧抓她的学习,那她成绩就好点,只要我们一放松,她的成绩马上就下来。她还满不在乎地说:"考那么好干吗?我也不想考第一……"我这辈子就这样了,没有上进心也就罢了,可我女儿还小,我该怎么办呢?

这位母亲的话,对我触动非常大。这个女孩为什么小小年纪就没有上进心呢?其实,原因就在她的母亲身上。"我这辈子就这样了,没有上进心也就罢了",这句话足以透露出这位母亲并没有给女儿做出好的榜样。当然,我们无权评价这位母亲。但作为女儿的第一榜样,母亲的影响绝对是不可忽视的。

其实,除了母亲的影响,女孩的这一特点也是与生俱来的。

我们说女孩缺乏上进心,这在她们很小的时候就表现出来了。教育学家做过这样的调查,当女孩和男孩同时进入新的班集体时,男孩更想做这里的"头儿",让其他小朋友都听从于自己,他们的竞争意识非常强;而女孩因为注重人与人之间的关系,她们会更注重自己能否多交几个朋友,她们根本不想"统领"这里。

与男孩喜好竞争、追求第一的个性相比,女孩似乎更愿意过朋友多多的平淡生活。在女孩心中,对通过努力让自己变得更强,或是积极地争取"领导权"之类的事情通常不感兴趣。

我曾经做过调查,问一些10岁左右的女孩这样的问题,"你将来想过什么样的生活?"很多女孩会说:"我将来想和我的家人在一起,开开心心地过普通人的生活。"

当然,女孩的想法不足为过。但在当今的社会,平淡的生活就意味着平庸,而平庸则会让女孩失去耀眼的光芒。作为女孩的家长,与其让女儿过着平淡无奇的生活,我们当然希望她们能够有所作为,能够与男性有着同等的地位、事业、成就。

那怎样才能让我们的女孩超出普通人呢?

专家指出,如果要我们的女孩出类拔萃,在女孩的早期教育中一定要注意培养其进取心、上进心,这一点非常有必要。

作为女儿的第一榜样,作为和女儿接触最为密切和频繁的人,妈妈们应当怎样做才能帮助女儿树立良好的进取心呢?

在这里,有这样两个非常有效的建议:

※为了培养女孩的进取心,在女孩的早期教育中,妈妈不仅要以身作则,同时还要提高女孩的自我期许。

1. 母亲要以身作则。

在我们身边,常常听到女性这样评价自己身边的朋友或同事:

她命太好了,否则也取得不了那样大的成就;

她一定是遇到贵人了,不然怎么会有人帮她;

都是因为她嫁了个好老公,不努力也能过得很好;

……

也许很多女孩的母亲会说,大家都是这样评论的呀,难道这对我们的女儿会有影响吗?

很显然,答案是肯定的。

如果母亲常常这样说,无意中就会给女儿这样的暗示:她们能过得好,都是因为运气好、家世好、嫁得好等非主观因素,而与女性自身是否上进、是否努力等主观因素无关。这不得不让我们的女儿产生这样一种错觉,即女孩将来生活的好坏,完全取决于外部力量的作用,而自己的努力、上进似乎帮不上什么忙。进而女孩的上进心将会消失殆尽。她们根本不会想要通过自己的努力取得好的成绩、考上名牌学校、干一番自己的事业,而把全部心思放在获取外部力量的援助上。

讲到这里,也许有母亲会问了,在女孩的日常生活中,母亲应该怎样"以身作则"呢?

其实,答案很简单。比如,如果母亲有进一步学习的需要,那母亲不妨与女儿一起学习。就算没有进一步学习的必要,妈妈也可以在女儿学习的时候,在她身边翻看一些杂志、报纸,以此把自己要求上进的思想传递给女儿。

除了生活中的榜样,女孩还更多需要一种精神上的榜样。一般来说,当女孩说出"我要成为她那样的人"这样的话时,那女孩通常都会不断地努力,希望能更早接近她心目中的"女英雄"。所以,妈妈们要在日常生活中有意无意地给女儿多讲这样的一些故事,比如,在职场、商界、政界上的女强人,她们的故事及奋斗史——能够取得这样的优异成绩,这些女性是如何克服重重困难,要求进步的;她们是怎样凭借自己的辛酸史和奋斗史才取得今天的成功的……

2. 提高女孩的自我期许。

看到这里,家长们首先会问,"自我期许"是什么?

其实,就是女孩自己对自身能力的一种看法、一种估计、一种评价。比如,女孩对自己的智商是如何看待的,认为自己是聪明的、不聪明的,还是一般智力。在生活的各个方面,女孩都存在自我评价的能力。

那么,自我期许和培养优秀女孩又有什么关系呢?

事实上,关系很大。例如,如果一个女孩认为自己是聪明的、优秀的,那么她就非常有可能严格要求自己,不允许自己有一点落后。在这样一种较高的自我期许的要求下,女孩的自信心和上进心将高出其他女孩。

那么,如何才能做到"提高女孩的自我期许"呢?**方法是唯一的,就是让女孩品尝成功的滋味。**

我们说,生活中的大部分女孩在学校里很少得到老师的夸奖:她们不知道考班级第一名是什么感觉,受到老师的夸奖、父母的称赞、同学的羡慕是什么滋味。在没有鲜花和掌声的簇拥下,女孩通常不会感知到"成功"的喜悦。而没有成功的愉快体验,大多数女孩也不会保持继续努力的信心。在这种情况下,她们很可能在自怨自艾中浑浑噩噩地生活。比如,生活中很多女孩都会这样说,"成绩考什么样都没关系,反正我也不能考第一","我根本不在意成绩的好坏","我再怎么努力也没用,成绩依然上不来"……

那么,面对有些消沉的女儿,妈妈要怎样来帮助她们呢?

专家提醒我们,在家庭中为女儿创造一些小"成功",既让女儿感觉自己原来很优秀,也让她们感受到夸赞和掌声的美妙。

一位母亲这样讲述她的育女经验:

说实话,我的女儿确实没有那么优秀,她在学校里很少因为自己的表现得到老师的赞扬。但为了让女儿有信心继续努力学习,我在家里会经常策划一些智力竞猜、有奖问答、家庭文艺表演活动等。当然,题目大多是在女儿掌握的知识和能力范围内。

记得有一次,我们玩知识问答游戏,女儿把所有的问题都回答对

了，我们自然给予了女儿很多赞许和掌声。在那次游戏结束后，女儿对我说："妈妈，我要懂得更多的事情，那样好开心啊！"看着女儿灿烂的笑容，我知道她已经感受到了"成功"的喜悦。

慢慢地我发现，女儿喜欢学习了，她甚至会主动问我一些她不懂的问题……

在家庭中经常组织一些小活动或游戏，不仅能够营造一种欢乐的气氛，更能让女孩体验"成功的快乐"，进而提升自我期许。如例子中的女孩一样，在父母的赞美声中，她深刻地体会到掌握一些知识原来是那么快乐。这当然会激发女孩进一步学习的信心。

本节重点图示:塑造女儿好性格,母亲应当这样做

1. 教女孩敢于发言,并敢于表达自己的意愿。

写在图画前面:女孩胆子很小,说话的时候声音总是很低。妈妈不止一次告诉她要大声说话,但女孩始终做不到。

女孩若是胆子很小,不敢大声说话,母亲抱怨和指责都是没有用的。此时母亲可以通过让女儿大声朗读课文等方法,帮助女儿建立自信心。当自信心建立起来后,女孩也就自然能做到大声说话了。

写在图画前面:当妈妈带女儿去买衣服时,女孩不知道选择什么好,犹豫地看着妈妈。

如果女孩小的时候就不善于说出自己的想法,那么长大后她们也很难正常表达自己的态度和观点。因此,在日常生活中,母亲一定要鼓励和引导女儿表达出自己的想法,绝对不可一概替女儿做主。买衣服是这样,其他的事情也是如此。

2. 帮助女孩树立进取心。

写在图画前面：晚上，女孩在做家庭作业。

帮助女儿树立进取心，妈妈一定要以身作则。试想一下，看到辛苦一天的妈妈还在坚持学习，任何一个女孩都会被感染，进而潜移默化地受到影响，女孩逐渐也会变得像妈妈一样好学上进。

写在图画前面：女孩因为没有赞美和掌声的簇拥，总是一副郁郁寡欢、不求上进的样子。一天，妈妈和女儿一起玩起了智力竞赛游戏。

女孩自我期许的提升，往往来源于"成功"的体验。因此，在家庭生活中，母亲务必让女儿感受到称赞和掌声的美好，这是提高女孩进取心很重要的一点。

第5章 优秀女孩必须具备的三大素质

一 女孩走向美好生活的先决条件——时刻保持健康的心理

二 优秀女孩必须具备的三种能力——理财能力、管理能力、是非分辨力

三 让女孩逃出感情的拖累——教女孩学会把握情感

引 语
yinyu

　　小女孩终究会长大成人,步入纷繁复杂的社会。而从她们接触社会的那一刻起,就不得不面临来自社会的各种压力和挑战,比如择业、就业、工作压力、人情世故、物质生活等等。

　　很多家长提出疑问,女孩子到底应该具备哪些素质,才能够在这个社会中占有一席之地?

　　专家指出:

　　※女孩要想成长为一名优秀的女性,必须具备三种素质:第一,保持心理健康;第二,具备三种能力,即理财能力、管理能力、分辨能力;第三,学会把握情感。

一 女孩走向美好生活的先决条件
——时刻保持健康的心理

一位心理学家曾给我讲过这样一个案例：

一个刚刚上初中一年级的女孩，她平时表现得冷漠又孤僻，在家里不仅对父母的辛劳不管不问，还时常对他们大发脾气。如果家长批评她几句，她不但会和父母顶嘴，而且还会很气愤地冲着他们喊："给我走，我讨厌你们，不想再见到你们！"

在学校里，这个女孩的行为也很孤僻、怪异。她没有什么朋友，也不愿意和别人一起玩，总是一个人远远地躲在角落里。如果有哪个同学惹到了她，她会毫不留情地破口大骂："给我滚开，别来烦我，要不然我就去报告老师！"

按照常理，一个初中生，已经到了懂事的年龄。这个阶段的很多女孩，都特别会体贴、关心父母，也喜欢交朋友。每天在众多朋友的簇拥下，她们过得非常的快乐，而例子中的女孩为什么表现得如此怪异呢？

心理学家表示，如果一个孩子的行为与他的年龄不相符合，那说明这个孩子极有可能患有某种心理疾病。

就拿例子中的女孩来说，她不仅不关心父母，不尊重父母，还拒绝与他人交往。这个女孩孤僻、怪异的行为完全与她的年龄不相符合，那么显然这就是患心理疾病的前兆。

试想一下，一个仇视父母、仇视他人，甚至仇视社会的女孩，她的人生观、价值观就会完全与正常的孩子背道而驰。那么，她发生伤害他人、伤害自己，甚至是走向犯罪道路的可能性将远远高于其他正常的孩子。

据一项调查显示，青少年出现心理问题的比例年年攀高。而其中女孩比男孩出现问题的几率要高出2~3个百分点。

为什么女孩更易出现心理问题呢？

专家指出，**女孩之所以较之男孩更易出现心理问题，一是因为女孩的心理承受能力比较弱，二是因为她们要求更多的关爱和理解。**

例如，与大大咧咧的男孩相比，女孩子更易表现出脆弱的一面。面对大人的恐吓和吼叫，一些男孩会表现得无所谓，但对女孩来说，却足以造成她们的心理阴影。

我曾听一位家长对我讲述过这样一件事：

一次，上幼儿园的女儿和她的同学一起乘坐校车回家。在路上一个男孩和一个女孩因为一点小事厮打起来。开车的师傅对那个男孩喊道："再不停手我就把你交给学校处理，以后也不再允许你们乘坐校车！"

女儿回家后，反复和我说起这件事情，还对我说："妈妈，我以后一定要乖乖的，要不司机师傅就不让我坐校车了。"看得出女儿是被司机师傅的话吓住了。后来我询问那个男孩的家长时，她说她们家儿子早就忘了这事，压根就没提过。

这时候，我才意识到女孩的心理是多么脆弱。从此以后，我再也不对女儿说一些危言耸听的话，也有意克制自己对她的吼叫。

相对于男孩来说，女孩对一些恐吓、吼叫、愤怒等总会记忆犹新且表现得很恐惧。如例子中的女孩一样，司机师傅是对男孩说那些话，但与此事无关的这个女孩却记在了心上，并无意中给自己造成一种心理上的压力。如果女孩经常性地受到来自外界的惊吓，那她就很可能变得胆小、怯懦，甚至是产生一些心理问题。

关于女孩需要更多的关爱和理解，我们在前面的章节中有所讲述，在这里不再重复。父母们可参照前面内容培养和关注我们的女孩。

讲到这里，也许会有一些家长提出这样的质疑："我们知道心理健康的重要性，但一方面我们不知道该怎样去教育孩子，另一方面，面对情感的问题、社会的压力，任何人都可能或多或少地存在一些心理问题。对于女孩而言，我们要如何界定她们的行为哪些是正常的，哪些是不正常的呢？"

家长的疑问和担忧是有一定道理的。面对家长的这些疑问,我们将从女孩最容易出现的心理问题入手,并逐一做出解答。

1. 冷漠和孤独。

女孩本应该是喜欢与人建立友好关系的,也非常懂得关心、体贴他人。但一些女孩在小的时候,就表现出对别人的事漠不关心,不管是对待父母,还是同学、朋友,她们都是一副冷漠的态度。

比如,看到父母劳累一天的样子,或是听到父母为某事烦心、焦虑的话语,女孩或是装作没听见,若无其事地做着自己的事情,或是冷冷地甩出一句话"这和我有什么关系"。这时,女孩的冷漠就应该引起家长足够的重视了。

除了与人交往的态度冷漠外,一些女孩还喜欢一个人待着。她们不愿意与别人交往和建立正常的社会关系,只沉浸在自己的世界里。通常情况下,在人多的地方她们会很不自在,甚至是慌张,只有一个人的时候才能安静下来。

如果家长发现女孩有这样的行为,如不喜欢和朋友一起玩、说话比较晚、不喜欢用微笑和语言与人交流、不喜欢被拥抱和亲吻、和人说话时常常不用眼睛凝视对方等,那这些行为都可能是她们患上自闭症(孤独症)的前兆。

2. 抑郁和焦虑。

生活中,很多女孩常常会因为一些小事情而情绪低落、郁郁寡欢。比如,一次考试没有考好,女孩因此会几天高兴不起来,一直沉浸在忧郁、烦恼、焦躁的状态中。

我们说女孩情感丰富、心思缜密,有一个情绪变化周期,时常表现出情绪低落也是正常的。但是,如果女孩长时间或是经常性地持续这种状态,那就不正常了。在养育女孩的过程中,细心的家长如果发现女孩常常有这样的状态,比如:

总是唉声叹气、愁眉不展、忧愁伤感,甚至是悲观绝望;

意志消沉,对自我的评价比较低,会说一些"我不行、我做不到、我不会"之类的话;

思维迟缓、记忆力不好、思考困难,表现为父母说过的事情、教过的知识总是记不住,对父母、老师提出的各种问题不愿意思考等;

对什么事都提不起精神,不爱运动、走路缓慢、言语少;

……

以上多种不良情绪如果长时间存在,就足以诱发女孩的一些心理问题,比如抑郁症、焦虑症。因此,如果父母发现自己的女儿有以上这样的状况,必须给予高度关注。

3. 恐惧心理。

我曾接触过这样一个女孩:

小女孩一直和她的奶奶生活在一起。小时候,女孩的胆子就很小。半夜里,她会突然惊醒,发现一起睡的奶奶不见了,便哭喊着找奶奶。

等女孩长大了一些,当她一个人在家的时候,她也会非常害怕。即便是把门窗都锁得紧紧的,她仍会担心有人突然闯进来,一个人蜷缩在小角落里,脑子里不停地浮现一些恐怖的画面……

事实上,女孩恐惧心理的形成并非完全来自环境的影响,多半是女孩根深蒂固的一种心理状态。如例子中的女孩,是因为长期和父母分离居住的原因,才导致女孩缺乏安全感的。就算是奶奶对孙女非常疼爱,但也无法代替父母的爱。所以例子中的小女孩才会有"恐惧"的心理状态。

生活中一些女孩存在根深蒂固的恐惧心理,还有可能是她在早期受到了某些惊吓,而产生了后遗症。比如,有的女孩很害怕猫,一看见猫浑身就不舒服。究其原因可能是她们在小的时候受到过猫的侵害,被猫抓过、咬伤过等。

生活中,家长们要细心留意女孩:

观察她们的胆子是否小到常人不能理解的程度;

看看女孩做事情是否总是畏首畏尾,又怕这又怕那,比如,想要穿过马路到对面去,又犹犹豫豫地不敢去;

……

如果女孩真的有类似这样的情况,那么家长必须针对女孩的状况采取必要的行动,因为它很可能诱发女孩患上恐惧症或强迫症。

那么,为了避免女孩出现此类现象,在女孩的早期教育中,父母应该怎么来教育她们呢?下面提出三点建议,以供借鉴:

方法一:针对冷漠和孤独——激发女孩对生活的热情

一位家长曾给我讲过这样一件事情:

我家女儿小的时候,可知道体贴人了。可现在她15岁了,却不如以前了。从上初中起女儿就住校,每周回来一次,起初的时候她回来还和我们聊天、询问家里的事情。后来聊天的次数少了,也不爱和我们说话了,就连我们工作、生活上的事情她都不再问了,而且由每周回来一次改成每月回来一次。我的女儿怎么突然变得这么冷漠呢?现在除了开口向我们要钱外,她好像没有别的话要和我们说……

听了这位家长的讲述,我思考了很多。为什么现在的孩子会变得如此冷漠无情、自私自利呢?

我们在前面曾多次提到,女孩是注重关系的,而生活中的一些另类女孩为什么要一反常态呢?通过多次调查研究,我得出了这样的结论:女孩之所以表现出冷漠和孤独,主要与女孩父母的教育方式有关系,其次是受到一定社会因素的影响。

1. 父母的教育方式。

在女孩小的时候,如果父母与女儿相处的时间过少,那么女孩很可能缺少来自父母的关爱,进而冷漠的几率也比较大。

还有一点是父母对女孩的态度,也直接影响着她们的心理健康程度。比如,一个对家人漠不关心、脾气暴躁的父亲(母亲),在日常生活中对女儿的态度非常恶劣。在这样的家庭环境里,女孩感受不到任何温暖和关爱,这也是形成她们冷漠、孤独等心理疾病的主要原因。

2. 社会因素。

女孩子之所以存在冷漠、孤独的心理问题,与社会因素也有一定的关系。

由于现代化程度的提高,人们对"金钱"看得越来越重。社会上普

遍认为,人要生存,没有钱是寸步难行的。这样的一种价值取向,也在一点点渗透到女孩的思想中。

于是,女孩也就得到了这样的心理暗示:有钱什么事情都能办到,至于亲情、友情,甚至是爱情都是退而其次的事情。这样一来,自然而然,女孩疏远了父母、朋友、亲人,甚至疏远了人群。渐渐地女孩丧失了关心他人、体贴他人的原始本性,进而变得冷漠、孤独、自私自利。

那么,为了避免社会因素对女孩心理造成影响,我们家长要怎么做,才能把女儿重新唤回到"温暖、和谐"的怀抱呢?

专家建议我们,通过与人交往的一些活动来激发女孩对生活的热情,并且与人重新建立起和谐美好的关系。这样,才有助于缓解女孩冷漠和孤独的处事态度。

一位父亲这样分享他的育女经验:

当女儿开始少言寡语,并对周围的事情漠不关心的时候,我开始让女儿更多参与到集体活动中去,比如学校组织的运动会、团体操表演、文艺演出等等。就算女儿不愿意,我也会想尽办法让她参加。

有一次,学校要召开运动会,女儿不想参加。我许诺给她买一样她喜欢的东西,来要求她参加运动会。她虽然不情愿,但还是报了几个短跑项目。在运动会上,当女儿在100米跑道上即将冲线时,突然摔倒了。那次受伤确实不轻,但女儿却得到了全班同学及老师的关心。

当在病床上收到同学们送来的鲜花和祝福卡时,女儿流下了眼泪。从此以后,女儿对生活重新燃起了热情……我又看到了女儿充满活力和激情的笑脸。

人只有感受到友爱的帮助和力量,才会迸发出对生活的热情。如同例子中的女孩一样,当她得到了来自同学和老师的友爱,她的那颗原本已近"冷淡"的心才重新被爱融化。而这一切,显然都是女孩父亲的功劳。

当然,激发女孩对生活的热情,除了要引导女孩参加各种集体性的活动外,还应让女孩感受到来自大自然的美好,以及生活的美好。

比如,父母有时间和条件的话,可以带女儿多去旅游,多去观览名山大川,让女儿充分感受到大自然是如此的绚丽多姿,生活如此的丰富多彩。这样,对激发女孩的生活热情是有很大帮助的。

⚡ 方法二:针对抑郁和焦虑——帮女孩找到自己的兴趣、爱好

细心的家长会发现,生活中常常会有这样的女孩,因为一次或几次考试失败,她们变得垂头丧气,不仅不去努力学习,而且不再相信自己的实力。成绩越是不好,她们就越是自暴自弃,结果是她们的成绩就越难上去,从而进入一个"越来越差"的恶性循环。

更为重要的,如果女孩不会自己调节不良情绪,除了在学习上受到影响外,长期在一种消极、低迷的状态下,女孩的心理也会出现一定的问题。比如,因为学习的压力,很多女孩出现抑郁症、焦虑症、强迫症等。

既然不会调节自己的不良情绪会带给女孩这么大的伤害,那么,作为女孩的家长,我们应该怎么办呢?

我的建议是这样的:

※培养女孩的兴趣、爱好,可以帮助她们很好地梳理不良情绪。

这时候,还会有一些家长提出这样的疑问:"女儿有兴趣时,我们当然是支持她,甚至是帮她进一步发展兴趣。但是,我发现我的女儿好像没有什么兴趣啊,那我又该怎么办呢?"

是的,当女孩一点点地长大,家长也会发现,女孩似乎对什么都不感兴趣。比如,在女孩学习疲倦的时候,父母让女孩做点自己喜欢的事情来放松一下,但大多数的女孩会说:"我也不知道该干什么,也没有什么喜欢的啊。"她们除了静静地坐在那里,或是睡觉以外,似乎真的没有什么可玩的,或是感兴趣的事情。

为什么女孩的兴趣、爱好如此少呢?事实上,原因很简单。在这个竞争激烈的社会里,面对巨大的学习压力,很多听话、顺从的女孩不得不利用更多玩耍的时间来读书。在这一过程中,本该在游戏、玩耍中培

养的兴趣、爱好自然就会减少很多。这难免造成女孩在休息的时候不知道要干什么、玩什么的现象。

那么,如何培养女孩的兴趣、爱好呢?下面是两位家长的成功经验,我们来一起分享一下。

经验一:

女儿很小的时候就特别喜欢唱歌。对女儿这一小小的爱好,我们当然要支持了。为此我还买了家庭版的KTV,只要一有时间,我们一家人都围坐在电视前听歌、唱歌。后来我发现这成了女儿最大的一个爱好,不管是学校活动还是家庭聚会,女儿都会一展歌喉。歌声不仅很好地梳理了女儿的各种情绪,也带给了她更多的快乐。

如果女孩有自己喜欢做的事情,那父母千万不要阻止,甚至要帮助女孩进一步发展她的兴趣。如例子中的家长一样,在他发现女儿喜欢唱歌时,全力支持女儿,并为女儿买一些播唱音乐的家电,平时和女儿一起来练习。当唱歌成为了女儿的最大乐趣,女孩便能够更好地调节自己的情绪。可以想见,这样的女孩又怎么会患有抑郁症等心理疾病呢!

在女孩拥有自己的兴趣、爱好时,家长只需要支持她就好了。但是,当家长发现女儿没有兴趣、爱好的时候,又要如何来处理呢?

经验二:

女儿14岁的时候,每逢假期,我问女儿要去哪里玩,想干什么,她都用"不知道"这三个字来回答我。我知道因为学习的压力或其他原因,女儿失去了生活的乐趣。

为了找回女儿的快乐,我是这样做的。当她再对我说"不知道"时,我就拉着她去做我喜欢的事情,比如去图书馆、爬山、打网球、去健身房等。渐渐地,女儿喜欢上了打网球,后来她会主动来约我去玩。

当女孩找不到自己的喜好时,作为女孩的家长,此时我们就应"硬性"地培养她的兴趣。如同例子中的家长一样,自己喜欢读书、爬山、做运动,那就要求女儿和自己一同去。在和家长的活动中,女孩一样可以感受到来自生活的快乐。久而久之,女孩就会对某种娱乐项目感兴趣了。

当然,培养女孩的兴趣不是主要目的。家长的主要任务是让女儿在不高兴的时候,通过做一些自己喜欢的事情来缓解情绪,以保持最佳的心理状态。

方法三:针对恐惧症——引导女孩多接触现实

生活中很少有家长把女儿的"胆小"当成什么大事。

但在我们的生活中,常常有这样的女孩:

她们害怕黑,而且怕到常人难以理解的程度,即便是半夜里醒来,发现父母不在身边也会怕得哭喊起来;

她们害怕暴力、血腥的场面,一看到有人打架,她们就会蜷缩在一个角落里,不敢发出声音;

她们害怕某种动物,比如猫、蛇等,只要一看到这些动物,她们就会吓得脸色苍白、腿脚发软;

……

如果女孩的胆子小到这样的程度,那这似乎就不是个正常的现象了。心理学家诊断,如果一个女孩的胆量不及正常女孩的1/4,那她很可能患有"恐惧症"。

那造成女孩心理过度恐惧的原因又是什么呢?

心理学专家解释说,女孩之所以会出现过度恐惧的心理,一方面与她们所处的环境有关系,一方面是因受过某种"刺激"而产生了一种根深蒂固的恐惧心理。

比如,我们在前面讲到的一个例子,小女孩一直和奶奶一起生活,胆子非常小。其实,这就属于一种非正常的恐惧,也是患有"恐惧症"的一个明显症状。

这个女孩患有"恐惧症"的原因,前面我们已经分析过,即受"环境因素"影响:是与父母分离居住造成的。

此外,形成女孩"恐惧症"的另外一个原因是,女孩受到了外界的某种意外伤害。比如,一个女孩很害怕猫,很可能是她小的时候,被猫抓伤过或是咬伤过。这样,才导致女孩长大后一看见猫浑身都会不舒

服,甚至是脸色苍白、手脚发麻。

那么,针对形成女孩"恐惧症"的两种原因,家长又该如何来做呢?我们根据专家的意见总结出这样一个方法:

※一方面,女孩要与父母共同生活直至成人,期间父母应当给予女儿更多的关心和爱护;另一方面,父母应引导女孩多接触现实,尤其是女孩恐惧的事物。

关于父母要陪伴女孩一起生活,以及如何给予女孩理智、科学的关爱这点,我们在前面的章节中已进行了详细的阐述。家长们可以参考本书第三、四章的内容,对女孩进行科学有效的养育。

下面我们只针对父母引导女孩多接触现实这一点,进行详细的说明。为了克服女孩过度的恐惧心理,一位家长这样分享他的成功经验:

我女儿特别怕狗,每次她看到小狗时,都会吓得愣在那不敢动,表情木然,脸色苍白。当小狗走开后,她才放声大哭。我当时非常不能理解,后来我才想起,我女儿曾被一只大黑狗咬过一回,那是在她刚会走的时候……后来女儿一看见狗就怕得不得了。

为了消除女儿对狗的恐惧感,我是这样做的。我找来各种各样小狗的图片,给女儿看,并不断地告知她"小狗很可爱,没有那么恐怖"。起初女儿根本不能接受,后来慢慢地敢去看那些照片了。再后来,我有意识地让女儿接触现实中的狗。我找来一些出生不久的小狗崽,让女儿去抚摸它,和它一起玩。

当女儿对狗不再那么恐惧时,我带女儿去狗市,给女儿讲不同品种的狗的习性。这样一来,女儿对狗真的不再害怕了。

生活中,很多女孩对某种事物存有一种特别的恐惧感。如例子中的女孩,因为她很小的时候曾被一只大黑狗咬伤过,导致女孩再看见狗时会吓得魂不守舍。这个时候,为了消除女儿不必要的恐惧感,家长要引导女孩多接触现实,尤其是女孩害怕的那些事物。

上面例子中的家长就非常有方法,他先让女儿看狗的照片,传达给女儿这样的信息:狗并不可怕。然后一点点让女儿接触现实中的狗。这样,女孩对狗的不正常恐惧心理就会慢慢消失。

当然,生活中的女孩子除了对一些小动物感到害怕外,还会对一些行为感到恐慌。比如:

她们不敢过马路,每当看到车辆穿梭于马路上,她们就没有办法让自己平静;

还有一些小女孩不敢乘坐电梯,只要在电梯里,她们就哭闹个不停;

……

细心的家长如果发现我们的女儿有这样的行为,那么也要让她们多接触这些事。对怕过马路的女孩来说,父母要经常带着她们穿越人行横道;对怕乘坐电梯的女孩,父母要经常带她们乘坐各种电梯……

当然,除了女孩怕的这些事情,家长们还要有意识地让女孩多接触现实生活中其他的事物。比如,偶尔带女儿走夜路、带女儿去听科普讲座、去动物园看各种动物、去海洋馆看各种鱼类,甚至是登高、滑雪、溜旱冰等等。这样,我们的女儿就不会因为无知而盲目地恐惧了。可以想象,一个小时候就懂得很多科学常识的女孩,她还会惧怕什么呢!

第5章 优秀女孩必须具备的三大素质

本节重点图示：保持女孩健康的心理，父母应当这样做

1. 针对女孩冷漠和孤独的方法。

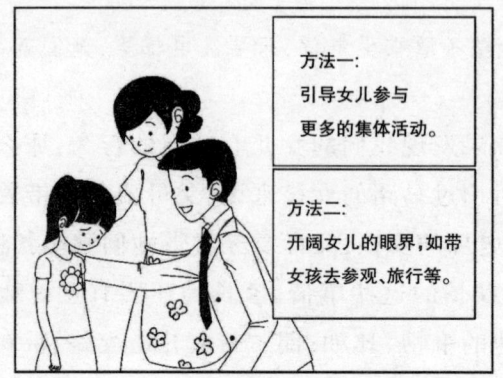

方法一：引导女儿参与更多的集体活动。

方法二：开阔女儿的眼界，如带女孩去参观、旅行等。

女孩陷入冷漠和孤独，往往是因为其感受不到生活中的美好。针对这一点，最好的办法就是增进她与周围人的交流，并不断开阔她的眼界，让友情及大自然的美好去打动与融化她渐趋冷漠的内心。

2. 针对女孩抑郁和焦虑的方法。

方法一：大力支持女儿的已有爱好。

方法二："硬性"培养女儿的爱好——拉着女儿去活动。

兴趣和爱好，是女孩释放情绪的最佳渠道，因此父母一定要大力支持女儿已有的爱好。如果女儿没有什么特别感兴趣的事情，那么父母就应带动女儿去做一些自己喜欢的事情。渐渐地，必然有某一项活动可以引起女儿的兴趣。

3.针对女孩恐惧心理的方法。

写在图画前面:一个女孩非常害怕猫,因为她小的时候曾被猫抓伤过。

(√:引导女孩接触那些曾给她造成心理阴影的事物)

女孩对某个事物产生恐惧心理,多半是由于曾受到过某种刺激。这时候家长应引导女孩适当接触现实中的这个事物,使她逐渐感觉该事物其实并不可怕。在循序渐进的引导下,女孩必然能克服曾经先入为主的恐惧心理。

写在图画前面:小女孩特别怕黑,她总说黑夜里会出现鬼怪。

(√:让女儿了解更多的科学知识)

女孩有时表现得过于恐慌,是因为她们缺乏对一些基本常识的了解。在日常教育中,如果家长能够有意让女孩多了解一些科学知识,那么女孩就不会因为无知而盲目地恐惧了。

不宠不娇养育女孩

 **优秀女孩必须具备的三种能力**
　　——理财能力、管理能力、是非分辨力

　　一个10岁的女孩曾对妈妈这样说：

　　妈妈，我今天从舞蹈班回来能不能直接回家，不去学画画了好不好？因为我觉得很累。舞蹈老师要求特别严格，每次上完课我都觉得累，再去画画，有时候在课堂上都能睡着。而且今天老师布置了很多家庭作业，还有……

　　也许这样的场景在每个家庭都曾经发生过。任何一个家长都希望自己的女儿具有出众的才能，所以在培养女儿的过程中，很多父母对女儿的要求非常严格。就像例子中的家长一样，给女儿报了很多课外补习班，把女儿的时间安排得满满的，不容许女儿有一点放松。但是家长们却不知道，过于严格的要求会让女儿感到非常辛苦，甚至是失去了本该轻松、愉快的童年。

　　因此也就出现了这样的现象，因为父母的严格要求，女孩确实掌握了很多才能，在以后的工作中也有很出色的表现。但由于女孩从小在一种近似于军事化的训练中长大，她们已经失去了感知幸福生活的能力——她们找不到生活的乐趣，也不懂得怎么处理个人感情……

　　讲到这里，一定会有很多家长这样说，"我并不希望女儿将来取得怎样非凡的成就，只要我的女儿开心、快乐地生活就好。"

　　所以，在我们的生活中还有这样的一类家长。在养育女孩的过程中，他们会持有这样的一种教育态度：不过高要求、不过多限制，他们允许女儿爱干什么，就干什么；不爱干什么，就不干什么。

　　在这样的教育方式下，女孩当然不会用功地学习各种生存本领，自然她们的能力相对于其他女孩也要弱一些。而这样的教育无意中也会给女孩一种心理暗示:不管我什么样子,父母都会管我,不去工作也有人养。那么,持有这种想法的女孩一般也不会有积极、向上的人生态度。同时,这也是导致女孩丧失基本生存能力的主要原因。

这时候,很多女孩家长可能会困惑了,既然对女孩的要求过于严格,或过于放松都不利于她们的健康发展,那应该怎样做才是正确的?

事实上,在女孩的早期教育中,逐步培养女孩的各种能力,可以让女孩轻松地掌握一些基本的生存技能。

那么,女孩在生活中应该掌握哪些能力呢?

专家指出,一个优秀的女孩必须具备三种基本能力,即理财能力、管理能力、是非分辨力,而这些能力是完全可以在日常生活中培养的。

方法一:理财能力的培养——教女孩如何管钱

在我们的生活中,常常有这样的女孩:

大学毕业后,挣的工资并不少,但手里始终没有一分钱;发了工资就与朋友好吃好喝,很快将手里的钱挥霍一空;月末几天不得不依靠泡面来度日。她们的生活常常因为"钱"的问题而变得一团糟。

这是社会上典型的"月光族"。原因何在?其实这都源自于女孩没有一个正确的"理财观念",她们缺乏合理分配钱财的基本常识和基本能力。

那么,家长要怎样培养女儿的理财能力呢?最好的方法是,在女孩的成长过程中,一点点地渗透给她们正确的金钱观念。

1. 教女孩认识各种货币及让女孩使用钱币。

一般来讲,4岁左右的女孩已经能够识别物体。在这个时候,家长要注意让女孩识别各种货币。

一位母亲是这样做的:

女儿4岁的时候,我会给她看不同面值的纸币,一角、两角、五角的,再一点点教她识别大面值的纸币。在女儿5岁的时候,她已经能够认全所有的钱币。

此外,在女孩8岁左右的时候,家长们要放心地让女孩自己管理和分配一些零散的钱,比如乘车费、餐费以及学校组织活动时的零用钱等。在这一过程中,女孩对货币的使用价值会有一定的了解。

2. 让女孩形成储蓄观念。

一位母亲是这样做的:

我本身就是一个储蓄观念很强的人。记得女儿9岁左右的时候,有一次,她非要买一条牛仔裤,价钱是50元。我当时对女儿说:"妈妈每天给你5元钱,如果你真想买那条裤子,那可以等你攒够钱再去买。"没想到整整10天,女儿果真没有花掉一分钱,而是把我给她的钱统统攒了起来。

这就是孩子储蓄观念的萌芽。如同例子中的妈妈一样,女儿要买一条价值50元的裤子,妈妈可以分批给女儿钱,有意识地让女儿把钱攒在一起。此外,在女孩的卧室里,家长有必要为女儿准备一个存钱罐,并且在生活中时常提醒女儿把一些零散的硬币放到里面。这样,女孩渐渐就会对"储蓄"形成一种清晰和持久的印象。

又如,在一些节日或平时,家长或亲戚朋友也会给小孩子一些零用钱。这个时候,家长应帮助女儿把这些钱直接存到银行里,为女儿开一个活期账户。试想一下,如果一个十几岁的小女孩拥有自己的银行账户,那她对存储钱币将会有多大的兴趣!

3. 教女孩合理使用自己的积蓄。

家长除了提供给孩子基本的生活必需品之外,有些消费让女孩用自己的积蓄去开支也是十分有必要的。

一位家长这样分享他的经验:

我女儿有自己的储蓄罐,我从小就让女儿把生活中的零用钱留一部分放到储蓄罐里。那次,女儿说很喜欢小自行车,想要买一辆。我对女儿明确表态,可以用她自己的储蓄去买,否则她的愿望可能短期内无法实现。女儿对我的意见很是赞同,很爽快就答应了下来。

家长有意地指导女儿合理使用自己的储蓄,既可以使女儿感到储蓄的快乐,也培养了她规划金钱的能力。如例子中的女孩,由于她平时有储蓄零钱的习惯,当她想买自己喜欢的自行车时,家长让她用自己的储蓄来买,女孩就会从中体会到,用自己存的钱买自己喜欢的东西是一种快乐,同时,她也会深刻地感受到存储钱币非常有必要。

4. 在金钱的使用方面,让女孩学会节约、精打细算。

在生活中如何学会精打细算以及如何不浪费钱财这方面,母亲似乎更有发言权。一般情况下,母亲都是家庭的理财师,她们精打细算以及节约的本领尽人皆知。因此,女孩完全能够从母亲那里学到这样的本事。比如,女孩跟妈妈去买东西,妈妈会因为价格高而放弃要买的东西,或是转而买些较为便宜的,这些都会使女孩养成节约和精打细算的好习惯。

方法二:管理能力的培养——引导女孩在团队中得到锻炼

在我们的生活中,细心的家长会发现这样的现象:

一个班级里,班长或是其他班级干部常常是男孩子;

在学校里学生会的成员也大多是男生;

……

为什么女孩对当班级里的"头儿"这样不感兴趣呢?

原因我们在前面曾多次提到,女孩子非常注重人与人之间的关系。当她们来到一个新的班集体时,只会关注自己能在这里找到几个好朋友,而对要成为班级的"首领"这样的事情,通常不会有什么兴趣。

当然,女孩这样的生活状态在大多数家长的眼中都是正常的,也是他们希望的,"女孩文文静静的,不争不夺的有什么不好啊?"

也许与竞争欲和领导欲极强的男孩相比,女孩子"不问世事"的性格会给家长减少很多麻烦。但是,也正因为女孩不愿意出头,不愿意当班级干部,不愿意参与管理,才导致一些女孩缺乏基本的管理经验。当她们长大成人走向工作岗位时,则会因为自己没有相关的管理能力而一直徘徊在公司的底层。

一位职场女性给我讲过这样一件事情:

我在一家网络公司工作,因为我的工作态度和业绩一直都很好,

公司提拔我当主管。对我来说，这当然是件好事情，也是我继续发展的一个契机。但是，在我当上主管的一个季度内，因为我不善于用人，不懂得管理，也不会与下属相处，结果我在本季度内的业绩非常不理想。后来迫于工作的压力，我辞职了。

我这才意识到一个人的管理能力确实是非常重要。自己的管理能力如此之差，究其原因就是因为我小的时候性格腼腆，从来没有当过班干部，管理方面的能力也没有得到相应的训练。

一个人的管理才能，往往是在他们小的时候一点点培养出来的。如例子中的女性，因为她在小时候从没有过相关的管理方面的训练，所以在日后的工作中也因缺少管理方面的能力而受挫。

既然管理能力对女孩的未来会有这么大的影响，那么家长们要如何培养女孩的这种能力呢？

方法很简单，在女孩的早期教育中，家长要引导女孩到团队中去，通过在小的团队里当领导来锻炼自己的管理能力以及人际交往的能力。

国外的一项调查研究也表明，早期在班级、学校里担任过班干部、学生会成员的女孩，有80%以上在将来的工作或家庭中具有一定的管理能力。

对此，一位家长是这样做的：

女儿性格有些腼腆，人多的时候都不敢说话。在她上小学一年级的时候，我就鼓励女儿当班干部，还给她讲了很多女领导的故事。当然，最初的时候，女儿对我的建议总是不感兴趣。从她的表情中我看出女儿缺乏胆量。于是，我找到老师，请求老师给我女儿锻炼的机会。在老师的帮助下，女儿终于当上了小组长，但我发现她好像并不快乐，也对自己的本职工作没有信心。

后来，我给女儿报了一个管理类的补习班。在这里，老师讲授了很多有关管理的知识、趣闻、人物传记以及怎样在团队中处理人际关系。一个学期的补习班下来，女儿对"管理"有了更深刻的认识。而后她的小组长工作也有了起色。

现在我的女儿可不一般了，不仅是班长，还担任学生会主席。她的管理能力和人际关系的协调能力连我都不得不佩服!

在女孩的早期教育中,能够训练她们管理能力的最好方法就是在学校里担任一定的职务。因为在管理班级的各种事宜中,女孩可以慢慢体会到如何说话、做事才更让人信服,如何为人处世才会让更多的人服从自己。这样,女孩管理方面的能力自然会锻炼出来。

例子中这位家长的做法是非常科学的。他先看出女儿胆子很小、不敢在众人面前说话,是因为缺乏一定的锻炼。所以,这位家长首先鼓励女儿,让她积极主动争取当班干部。

其次,这位家长能够积极地与老师取得联系,以寻求老师的帮助。再次,通过让女儿参加有关管理方面的补习班,使得女孩了解了有关管理方面的知识……久而久之,女孩的管理能力自然会大幅度提升。

当然,锻炼女孩的管理能力,除了在学校里争取更多的锻炼机会,家长也千万不要忽视了家庭中的训练。比如,家里缴纳电费、水费,假日安排,家庭聚会等等都可以让女儿参与管理和安排。

试想一下,一次家庭的假日旅游计划由女儿一手操办,从选择的旅游景点,到乘车路线,以及旅游中的花销统统都是女孩来管理。那么这次活动带给女孩的何止是快乐,同时也是一次协调、管理能力的训练,这对女孩来说才是最大的收获。

方法三:是非分辨力的培养——提高女孩的警惕性

对女孩而言,她们在生活中接触最多的是来自成人世界的诱惑。看到社会上的成年女性穿着时尚、性感,她们也会试图模仿。此时在女孩的心中,染烫的头发、露脐的服装是时尚与成熟的标志。她们会去模仿,而且会对家长的劝说充耳不闻。

一个13岁的女孩在日记中这样写道:

我都这么大了,爸爸妈妈还总是管着我,不让我穿高跟鞋,不让我穿瘦一点的衣服,整天让我穿那些"修女服",真是烦死了。

爸爸妈妈太老土了,已经跟不上时代了。我当然不会听他们的了,每次他们说我的时候,我都会顶嘴,还能说出很多反驳他们的理由……

由于小女孩的分辨能力弱,她们对成人世界的事情会更感兴趣。就像例子中的女孩一样,别人都穿高跟鞋、染头发、穿紧身衣,她觉得这才是社会的主流、是正确的,同时也是自己可以去模仿的。

可是对一个青春期的女孩来说,这样过早进入成人世界并不是一件好事情。十几岁的孩子受太多成人世界的诱惑,并试图在行为上更接近成人,这些都会让女孩形成偏离正常孩子的思维和行为。

为了避免女孩受到不必要的伤害,家长们要如何为我们的女儿擦亮双眼呢?

事实上,为了我们的女孩身心健康地成长,家长要有意识地增强女孩的分辨力。在日常生活中,提高女孩的警惕性尤为重要。

在众多的社会信息中,来自虚假广告的"诱惑",常令家长们苦恼不已。而女孩子似乎对广告的说辞深信不疑。

一位母亲这样讲述她的经验:

女儿 15 岁的时候,个子只有 1 米 4,她天天吵着要长个儿。每当看到电视上有关增高的药物和仪器时,女儿都吵着要买。我当然知道这种广告多半是假的,但女儿根本听不进去。

那一次,女儿非要买一种增高仪器,但社会上普遍反应这是假的。此时,我通过一些方法终于找到一位消费者,经过确认这种仪器对增高起不到任何作用,女儿才放弃了她的想法。而后女儿接受了我的食物和锻炼增高的方法,当她再看到那些广告时,她会对我说:"妈妈,那些都是骗人的。"

当女孩不能正确分辨真伪的时候,家长们要及时干预,并帮助女儿揭穿"虚假"的内幕。如例子中的妈妈,在女儿盲目选择增高用品的时候,妈妈通过查找这种产品的负面新闻,以及让女儿听取真实消费者的意见等方法,揭穿了这种增高产品的虚假性和欺骗性。这也就让女儿从此对此类商品及广告产生了免疫力,进而提高了警惕性。

本节重点图示：提升女孩的素质与能力，父母应当这样做

1. 培养女孩理财观念的方法。

写在图画前面：一天，女孩想买价值50元钱的一条裤子。

(√:让女孩学会存储金钱)

当女孩想要实现某个心愿的时候，父母不妨就利用这个机会培养其储蓄的意识。当女孩体会到把小钱积攒起来就会变成大钱，进而可以实现自己的某个心愿时，储蓄的意识自然就形成了。

写在图画前面：女孩陪同妈妈一起去超市购物。

(√:让女孩学会节约)

女孩的节约意识，往往是在生活的点滴中渐渐培养起来的。因此，在带着女儿购物时，父母不妨首先教会女儿"货比三家"的道理。

第5章 优秀女孩必须具备的三大素质

2. 培养女孩管理能力的方法。

(√:鼓励女孩担任班干部)

一个人的管理能力往往是在早期教育中锻炼出来的,而担任班干部恰恰是培养女孩管理能力的一个有效方法。因此,在女孩刚开始上学时,父母就要有意识地鼓励她去参加班干部的竞选活动。

(√:家庭中各种事项让女儿参与管理)

培养女孩的管理能力,家长完全可以在生活细节中给予女孩更多的锻炼机会,如家庭聚会、假日旅游、缴纳水电费等都可以让女孩参与管理。

三 让女孩逃出感情的拖累
——教女孩学会把握情感

细心的家长会发现,我们的女儿如同所有的女性一样,情感脆弱、情绪多变,经常会抱怨、愤恨、沮丧、焦虑、失魂落魄等等。而生活中大多数的女孩,也或多或少会受到来自情感的困扰。很显然,如果一个女孩被太多不必要的感情,以及不良的情绪所累,那么她必然不能把过多的精力放在学业、事业方面。这样,女孩将来的生活也会因为情感的拖累,而陷入被动和不幸的境地。

实践表明,一个不能自如控制情感的女性,不但不会收获一定的社会地位,也很难生活得很好。

那么,为了让我们的女儿逃出情感的拖累,父母要怎样来做呢?

对于此,我给您如下建议:

※在保护女孩情感发展方面,父母要从小给予女孩必要的情感关爱,同时,引导女孩通过正当的途径发泄自己的不良情感。

对于父母要给予女孩必要的情感关爱这方面,指的是父母要长期和女孩生活在一起,并与女孩保持情感交流、心灵对话。关于这一点,我们在前面的章节中有过详细的讲述,请家长参考前面的内容。

在这里,我们只针对正确引导女孩的不良情感这一方面,进行详细的讲解。

方法一:让女孩快乐起来——化解女孩的悲伤

女孩子的大脑结构和内分泌系统,决定了女孩不但容易发火,而且情绪也很容易低落。当然,男孩也会这样,但他们与女孩的表现方式往往是不同的。

当男孩发火的时候,他们比女孩更倾向于把怒火发泄出来。这时,男孩通常会做一些剧烈的体育运动,如拳击、搏斗,甚至是使用暴力,而很少用语言来表达他们的怒火。当男孩出现悲伤情绪的时候,包括难过、忧郁、沮丧等,他们通常也会这样做。可以说,在悲伤的情感充分扩张之前,男孩子的神经系统更倾向于靠压制或迅速释放来阻止它们的扩张。

而女孩的神经系统往往更愿意扩张情感的变化。当女孩生气的时候,她们经常使用语言来扩张她们的情感,而不是压制或释放它们。如当女孩难过的时候,她们会通过向信任的朋友倾诉,或不停地哭闹等方式来扩张难过的情绪。

因此,无论是长时间还是短时间的悲伤,女孩子总是需要更长的时间来消除它们,同时,还会用不同的方式来扩张它们。比如亲人的去世、朋友的失去、精神上的创伤、父母的离异、生活环境的改变……无论别人怎样劝说、安慰她们,女孩都很难从悲伤的情绪中摆脱出来。

当女孩出现痛苦、难过、忧郁、沮丧等悲伤情绪时,父母要怎样来化解女儿的悲伤呢?

对此,有这样几点建议:

※这时,语言通常显得不再有什么作用,她需要的是拥抱、抚摸,或是静静的陪伴。

※一般情况下,化解女孩的悲伤是从语言开始的,但这并非指审问式的语言。家长此时应该以朋友的身份去了解女儿伤心的原因,并给予她们相应的帮助。

※活动是化解悲伤情绪的有效方法,家长可以让女孩进行她喜欢的活动,同她一起散步、逛公园等。

当然,对于化解女孩的悲伤情绪,上述的这些方法并不是唯一的,但却是非常有效的。

此外,体育锻炼无疑也是女孩释放情感的最佳选择。

一位父亲这样分享他的育女经验：

女儿进入青春期后，总是莫名其妙地情绪低落，甚至是焦虑、沮丧。我于是开始用我的方式来帮助她。当我再看到女儿垂头丧气的时候，我就硬拉着她和我一起去健身房。我们一起跑步、游泳、学跆拳道，我教她做各种器械运动。在大汗淋漓以后，女儿经常会露出笑容……

生活中人们往往有这样的共识：男人需要将更多的时间花费在身体锻炼和进行体育运动上，女人则不需要。其实并不是这样的，女人同样也需要这样的锻炼，运动可以保持身体健康和情绪的稳定。如例子中的女孩，在她出现不稳定的情绪时，参加健身锻炼无疑释放了她的不良情感，对于缓解她低落的情绪具有一定的作用。

当然，在女孩的早期教育中，鼓励女孩进行体育运动也非常有必要。比如，在女孩6岁左右，让她们进行自由的奔跑；在女孩8岁左右的时候，让她们参加一些体育项目，如跆拳道、网球、游泳等；在女孩12岁左右的时候，她们可以参加更多的运动项目，如长跑、短跑、篮球、足球……

方法二：让女孩生活得更轻松——消除女孩的担心

细心的家长会发现，我们的女孩常常有这样的表现：

明天要参加学校演出，今晚还在为自己能否在明天的演出中发挥良好而担心；

在考试的前一天晚上，会因为自己没有做好充足的准备而担忧，甚至是整晚睡不着觉；

……

也许大多数的女孩有这样的一面，她们总是为生活中将要发生的事情而担忧着、焦虑着，以至于吃不好、睡不好，进而影响了自己的情绪，影响了身体的健康。

作为成人，我们知道，很多时候这样的担忧是没有必要的，因为它对事态的发展起不到任何正面作用，反而会因心理负担过重而影响了事情向好的方向发展。生活中这样的例子有很多，比如，一个总是担心自己考试成绩不理想的女孩，刚从考场出来便放声大哭。结果正如她所担心的一样,考试中没能够充分发挥出自己的实力。不管是考试中的失常,还是生活中的失误,很多时候往往是因为女孩那些没有必要的担忧造成的。

那么,为什么女孩更容易出现过分担忧的现象呢?

也许很多家长会说,因为女孩子天生就情感细腻、心思缜密,与男孩相比,她们总是考虑得更多、更仔细、更周全。事实上,这确实是造成她们过度担忧的一个因素,但还有另外一个更重要的原因,那就是大脑作用的范围不同。

专家研究指出,男性大脑的作用主要在右侧,而女性大脑的作用则遍布整个大脑。所以在情感的经历当中,男孩更关注生活的发展,并遵循它的规律;女孩则更容易陷入无止境的思虑中。

这也就是说,因为女孩大脑的作用遍布整个大脑,所以,很多事情女孩都要经过整个大脑的过滤和思考。由于考虑的太多、太频繁,所以难免会有一些不必要的担忧和焦虑。

作为女孩的家长我们知道,过分的担忧对女孩的心理健康会有一定的影响,同时也降低了她们幸福生活的指数。比如,一个从小就容易担心、焦虑的女孩,那她在以后的生活中也会这样——因为孩子的事情而担心、因为夫妻间的感情而担心、因为自己的工作业绩而担心、为各种人际关系而担心……凡是生活中存在的事情,或是将要发生的事情,都会成为她们担心的对象。可以说,女孩这样的生活态度是很难做到轻松和洒脱的。

那么,女孩的家长要怎样做,才能避免我们的女儿因过度担忧而受到不必要的困扰呢?

一位家长这样分享她的经验:

女儿好像患了考前综合征,每次在考试的前一天晚上,她都担心得要命,生怕自己的复习工作不到位,也怕考试时会有疏忽和遗漏,以至于整晚睡不好觉。看着愁眉紧锁的女儿,我会耐心地对她说:"有什么担心的吗?说来听听,看看爸爸妈妈能不能帮上忙。"这时,女儿就会慢慢向我们说起:"我的英语单词还没背完呢,那个数学公式我不太懂,还有……"当女儿说出她的担忧时,我都会记在一个本子上,然后逐一地给女儿进行分析和辅导。

当然,这并不完全是针对课本知识的辅导,我会指着本子上女儿的"担忧"说:"看看,这些就是你的'担心',既然把它们记在了本子上,就不用记在心里了。"每当我这样和女儿一起分担她的担忧时,女儿在第二天的考试中,都会顺利地过关。

当女孩有了忧虑的事情,家长要适当替女儿分担。这样,女孩的忧虑才会减小到她能够承受的程度,同时她的心理负荷也不会那么重。如例子中的家长一样,让女儿说出自己担心的事情,并把它记在本子上。其实,这个倾听女儿担心的过程就是与女儿一起分享的过程。然后这位家长又针对女儿担心的具体事项,对女儿进行必要的帮助和辅导,这就是替女儿分担的过程。最后,这位家长说:"把担心记在本子上,就不用记在心里了。"这样一句劝慰、宽心的话,无疑是给女儿吃了一颗定心丸。

当然,针对女孩的个性不同,家长应该采取不同的教育方法。对于性格内向的女孩子,上面的方法通常是行之有效的。而对于一些性格比较开朗的女孩,只需要家长平时做出一副"无事少担忧"的样子,女儿自然就会跟着学起来。

第5章 优秀女孩必须具备的三大素质

本节重点图示:教女孩正确把握情感，父母应当这样做

1. 化解女孩的悲伤情绪。

如果女孩出现沮丧、抑郁、情绪低落等不良的情绪时，家长首先要做到认真倾听并给予安慰，其次要做到引导女儿用正确的渠道释放自己的不良情绪。

2. 解除女孩担心的方法。

(√:让女孩说出自己的担心)

(√:让女孩写出自己的担心)

让女孩说出自己的担心，就是与其分担忧愁的一个过程；而让女孩写出自己的担心，则是父母帮助女儿消除忧愁的一个过程。

第6章

女孩成长过程中经常会出现的问题及解决方法

一 女孩爱哭闹怎么办?

二 女孩任性怎么办?

三 女孩自卑怎么办?

四 女孩容易嫉妒怎么办?

五 青春期的女孩叛逆成性怎么办?

引 语
yinyu

孩子在成长过程中,会出现很多这样那样的问题,感情丰富、心思缜密的女孩更是如此。

事实上,女孩的行为背后往往隐藏着深层次的心理问题。例如:

女孩哭闹,是因为她们没有安全感;

女孩嫉妒心强,是因为她们不知道真正的自尊是什么;

……

如果家长不了解女孩的这些心理,就难以针对她们的具体行为采取科学有效的教育方式。这不仅没有办法使女孩那些非正常的行为得到纠正,而且任其发展下去,还可能使女孩的心理产生扭曲。

在这里,我们将针对女孩成长过程中易出现的心理问题和成长问题,进行详细的剖析。希望这些分析和具体的解决办法会对家长有所帮助。

一 女孩爱哭闹怎么办？

在养育女孩的过程中，大多数家长会这样抱怨：

我女儿太爱哭了，出生那天她就哭了一宿。以后也是这样，她经常性地有事没事就哭。唉呀，因为她爱哭，我们可没少受累。

我女儿不仅爱哭，也爱闹。小时候就那样，一有什么不顺心的事，她就又哭又闹的，还没完没了，有时候真是头疼。

婴幼儿时期的女孩爱哭，大多数的家长会不以为然。他们会认为，"小孩子嘛，爱哭也是正常的，因为还不会说话，有什么要求只能通过哭声来传达给大人。等她们长大一些自然就不这么爱哭了。"

但是，随着女孩一天天的长大，家长们还是会发现女孩依然那么爱哭。在女孩稍大一些的时候，遇到一些让自己不满意、不高兴的事情，或是她们的要求没有得到满足的时候，女孩通常也会用哭来表达自己的感受，而且还会以边哭边闹的方式来表达自己强烈的不满。

一位家长曾这样向我描述她的女儿：

女儿8岁了，她非常喜欢漂亮的衣服，买了这件，又要那件。因为她不停地要这要那的，我们当然不能全部都答应她，但一旦我们没有给她想要的东西时，女儿就会大哭大闹个不停，还边哭边对我们说："你们一点也不爱我，我就喜欢那件衣服，你们都不给我买……"

这个时候，家长对待女孩哭闹行为的态度通常有两种，一种是不去理会她，让她哭个够、闹个够；另一种是赶快劝哄女儿，并无条件地满足女儿的要求。

那么，父母这样的教育方式到底对女孩有没有作用呢？我们先来分析一下造成女孩哭闹行为的深层原因是什么。

首先，婴幼儿时期的女孩爱哭是因为什么？她们因渴了、饿了而哭

闹，这是有原因的客观哭闹行为。而当她们并不是因为这些客观的原因而哭泣时，那就是因为她们缺乏安全感。比如，女孩发现看护人不在身边时，她们会感到非常地害怕、恐惧，心里有种强烈的不安全感。

这个时候会有家长问："我女儿从出生到现在，我们一直在她身边。有时她吃饱了、喝足了，也没有什么不舒服时，我们就在她身边做一些家务，这个时候她也会哭，这又是怎么回事呢？"

当然，这也是女孩心里的不安全感在作怪。如果大人们在女孩的身边忙忙碌碌，而把女孩一个人放在那里，这时女孩会觉得大人们离自己太远，还是有害怕、恐慌的感觉。所以，女孩只好用哭声唤回家人的关怀。

其次，进入童年时期的女孩为什么还是喜欢哭闹呢？就像前面例子中，女孩不停地要漂亮的衣服，一旦家长不满足她的要求，女孩就哭闹个没完。这个时候，可能有的家长会说，"是因为她们还小，还不懂事吧。"

因为女孩年纪小、不懂事而有这样的表现，这也只是一个表面现象。其实，童年时期的女孩哭闹的深层原因也是因为她们缺乏安全感。

心理学家表示，女孩在尚且年幼的时候，如果家长不满足她们的需求，女孩就会认为父母不爱自己，因此心里就会产生一种无助、孤独的不安全感。

细心的家长都会记得，我们的女孩常常这样说，"你们根本就不爱我，我就喜欢那个东西，你们都不给我买"，"爸爸妈妈不爱我，这个世界上没有人喜欢我了"……女孩之所以会说出这样的话，都是因为她们急切地渴望得到父母的保护和爱。而一旦女孩的要求遭到父母的拒绝，女孩就会错误地认为父母不再爱她，不再愿意保护她，那女孩的内心会因失去她最可信赖的关系而感到恐慌和不安。而这，正是导致她们哭闹的真正原因。

从出生一直到童年，女孩都是因为心理上缺乏安全感才表现得爱哭、爱闹，那么，家长要怎样做，才能提供女儿所需要的安全感呢？

一位家长是这样做的：

从女儿出生开始,我的大部分时间都用在女儿身上。我的视线很少离开女儿,一有时间我就拥抱她、亲吻她、冲着她微笑、和她搭话、摆弄她的小手小脚……就算我在洗衣服,我也是一边洗一边和女儿说话,当然她也会咿咿呀呀地回应我……

当女儿进入童年的时候,她偶尔也会有不听话、不懂事的时候。每当我批评她,或是没有给她买她想要的东西时,女儿也会哭。这时,我会把女儿拉到身旁,对她说:"妈妈批评你,没有给你买那个书包,都不代表妈妈不爱你,爸爸妈妈永远都是爱你的……"通常情况下,女儿听到这样的话都会停止哭泣。

在给予女儿安全感这方面,例子中这位家长的做法就非常科学。在女孩小的时候,她能够抽出大量的时间护理女儿,并和女儿建立一种亲密的联系。**父母一些不经意的小举动完全可以给女孩心理上一种呵护、一种安慰,进而使其产生安全感。**

而当家长批评女孩,或是无法满足女孩的要求时,这位家长的做法也很好。用一个拥抱、一句"妈妈永远爱你",直观上让女孩感觉到即便是父母有严厉、苛刻的一面,但他们始终是爱自己的。这也会带给女孩一种极大的安全感。

当然,女孩的安全感除了从父母那里得到外,从人群中得到的安全感对女孩也是至关重要的。所以,家长在女孩小的时候,就要让她们多与人交往,以养成她们协调人际关系的能力,以便女孩在将来的生活中同样能够得到来自人与人之间的安全感。

二 女孩任性怎么办？

一般来说，儿童由于心理发育尚且不成熟，对许多事情缺乏认知和判断能力，有时候会表现出"任性"的个性特征。对于娇气敏感的女孩来说，更是容易出现任性的行为。比如，生活中常常有这样的女孩：

她们为了得到某种玩具、食品、衣服，会用尽一切手段，哭闹、不吃不喝、不上学、不与父母说话……不管用什么方法必须得到她们想要的东西；

为了共同喜爱的物品，和小朋友们争来抢去，互不相让，甚至是大打出手；

对于父母的劝说，根本听不进去，自己想怎么做就怎么做；

……

不听管教、不听劝告、想怎么样就怎么样、想得到什么必须得到什么……这些都是女孩表现出的任性特征。

那么造成儿童任性的原因是什么呢？

心理学家指出，环境是导致儿童任性的主要原因，其次是家长不加约束、放纵教育的结果。

一方面，人们大多居住在高楼里且孩子多是独生子女，于是很多孩子会缺少与同龄伙伴交往的机会。这就会使孩子缺乏互助、合作的意识，缺少谦让、自制的行为。

另一方面，生活中有些家长对孩子个性品质、行为习惯等方面往往没有特别的要求，最终养成孩子想干什么就干什么，想怎样就怎样的性格。这样的教育方式必然会造成孩子的任性行为。

那么，为什么女孩更容易任性呢？

其实，答案并不复杂。因为女孩子娇小、柔弱，父母从小便对女孩多了一份特别的关照和保护;因为女孩听话、懂事,更能够博得父母的欢心,对于女孩的要求,通常情况下父母都会给予满足……久而久之,当女孩的行为不再被允许,或是女孩不能得到想要的东西时,女孩通常会用比较激烈、偏执的方式表示抗议,如扔东西、不吃不喝、不上学等。

一位家长这样讲述自己女儿的任性:

我女儿任性起来,任何人都吃不消。她吃饭从不按照三餐的时间,想什么时候吃就什么时候吃。我们吃饭时,她在一旁玩个不停,且必须有人陪着她,如果有人劝阻她,她就会绝食……

作为成人,我们知道放任女孩任性,对她们将造成非常不好的影响。当女孩一旦出现任性的个性特征,她们将很难与他人友好合作、分享、协商……她们的行为往往会表现得随心所欲。不仅在人际关系上,还有学业、事业、感情上都将受到一定的影响。

那么,作为女孩的父母,我们要怎样来帮助她们呢?

一位家长是这样做的:

我妹妹小时候就很任性,所以我深知女孩任性的弊端。为了预防我女儿也这样,在日常生活中,我给她制订了明确的要求和规定。比如,要求女儿对待他人要有礼貌、懂得谦让,为女儿制订作息时间、消费计划等等,并且在生活中严格地执行各种要求和规定。不知道我的方法是不是有效,但我的女儿确实没有任性的表现。

针对女孩任性的问题,提前做好预防工作,是个非常好的方法。就像例子中的家长一样,为女儿做了一些规定和要求,有生活习惯上的,有人际交往方面的,有消费方面的等等。这些规则可以使女孩明白自己的行为并不是随心所欲的,而应该受到一定的约束。

由此可见,提供给女孩适当的约束,以增强其心理自控能力,是预防女孩任性的一个行之有效的方法。

那么,当女孩已经出现了任性的毛病时,家长们又该怎么办呢?

一位家长这样分享他的经验:

一次,我和女儿去逛商场,女儿吵着要买一个玩具,我刚说不买,女儿就坐在地上不起来了。她任性的脾气又上来了,怎么办呢?这次不

像往常,我狠了一下心没有理睬她,装作一副若无其事的样子。足足有一刻钟吧,看我一点反应也没有,女儿竟然从地上站了起来。我一边帮她拍去灰尘,一边说:"妈妈知道你不开心……"但女儿还一直盯着那个玩具看,这时,我灵机一动赶快转移女儿的注意力,对她说:"宝贝儿,你想不想吃冰激凌啊,我们出去买好不好?"听我这么一说,女儿立刻来了兴致。

在养育女孩的过程中,处处需要家长的耐心和智慧。如例子中那位家长一样,当女儿出现了任性的表现,她采用了"冷处理"的方式,即不去理睬女儿,任凭她坐在地上不起来,等待她哭够、闹够了,再自己站起来。在家长无视女孩的胡闹时,女孩觉得这样做没有给她们带来什么好处,于是便会停止任性的行为。

但是此刻女孩依然对自己想要拥有的玩具不死心,为了不引起新一轮的"抗争",这位家长用冰激凌为诱饵成功地转移了女儿的注意力。

在对待女孩的任性这方面,这位家长运用了"冷处理"和"转移注意力"两种方法,收到的效果也是非常的好。可以说,在教育女儿这方面,这位家长可谓是既有耐心又有智慧。

三 女孩自卑怎么办？

在心理学上，自卑是一种失去人格尊严的劣等感，它属于性格的一种缺陷，其主要表现为对自己的能力和品质评价过低。

生活中，大多数的孩子会有不同程度的自卑感，对女孩来说更是如此。女孩的内心非常脆弱，抗挫折的能力也较弱，一旦受到外界的伤害或经受挫败，内心因承受能力有限，而易形成自卑的心理。调查显示，65%的女孩有不同程度的自卑感。

一个15岁的女孩在日记中这样写道：

为什么我总是觉得自己不如人呢？我特别害怕别人取笑我，那对我来说就是嘲讽、挖苦、贬低、伤害。有时候，别人只是在随意地说笑，我也会认为她们在取笑我，在说我的坏话。其实我各方面条件并不差，但是我就是觉得比人低一等。而且我特别害怕别人发现我的缺点，所以我总会尽量地少与人接触，或是用小声说话、低调做事来掩盖自己的缺点……

这个女孩的这些想法和行为都是自卑的心理在作怪。她觉得自己样样不如别人，怕别人取笑，怕别人看到自己的缺点，看不到自己的优势，甚至是自己瞧不起自己……总之是对客观的自己没有一个正确的认识。

在日常生活中，自卑的女孩还会有这样的表现：

不管在学习还是在生活中，她们总是说："我不行，我做不到，我不会"；

说话不敢大声，不敢正视别人的眼睛；

行为举止畏首畏尾，办事没有胆量；

在人际交往中缺乏自信，总是随声附和，没有自己的主见；

被指责做了错事,不管什么原因都认为是自己不好;

……

如果身为女孩父母的你,发现自己的女儿有如上的表现,那么就应该注意了,因为这暗示着我们的女儿已经出现了不同程度的自卑。

那么导致女孩自卑的原因是什么呢?

其一,家庭的原因。有些家庭生活上比较困难,这会让女孩觉得自己在某些方面与他人存在着天然的差距。还有一些家庭不和谐,父母对女孩的管教方式是非打即骂,不管女孩做什么,家长都会用批判的眼光看待她。这也会让女孩失去了自信和自尊心,进而产生自卑感。

其二,童年负面情绪的积累。也就是说如果女孩小的时候,有太多不良的情绪没有很好地发泄出来,比如愤怒、怨气、仇恨等,那长期积压在心里的不良情绪就会给女孩一种挫败感,进而使其失去自信心。这也是导致女孩自卑的主要原因。

那女孩的父母要怎样做,才能消除女孩的自卑感呢?

我熟识的一位家长是这样做的:

有一段日子,我发现女儿说话、做事总是畏畏缩缩的,还经常说一些"我不行"、"我学不好"之类的话。我断定女儿可能是产生自卑感了。这时我是这样做的:

首先,我开始大力地赞扬女儿,不管她干什么我都会说"做得好"、"说得对"、"真有想法"之类的话。就算女儿考试成绩不理想,我也会这样说:"妈妈相信你的能力,下次一定会考得很好。"

其次,不给女儿设置太高的标准,循序渐进地引导她一点点进步。比如,让女儿学着洗衣服,不要求她一次能洗得多干净,只是对她说:"洗得不错,这次比上次洗得好多了。"这样循序渐进地引导,女儿终于会洗衣服了。

再次,发现女儿身上的闪光点。比如,看女儿的绘画作品,我会说"女儿你真有创造力";看到女儿偶尔帮我做家务,我会说"女儿你真勤快,也很会体贴人"……通过我这样的教育方法,女儿渐渐不再自卑了。

为了消除女儿的自卑感,这位家长的做法非常科学。她采用了三种方法:一,赞扬女儿的行为;二,不给女儿设置高标准,引导女儿一点点进步;三,发现女儿身上的闪光点。

如例子中的家长一样,不管女孩做什么、说什么、想什么,即便是需要纠正的,家长也要先肯定女儿。一句"你真棒"、"你真好"、"你真聪明"的话足以建立起女孩的自信心,同时也不伤害女孩的自尊心。

另外,造成自卑的一个主要诱因就是家长对孩子的期望值太高,当她们达不到这个要求的时候,就会有种挫败的感觉,久而久之就会变得自卑。因此,家长们不要对小孩子设置太高的标准,但可以通过引导让女儿一点点进步,最终使她们达到家长们的要求,这样可避免让女孩有失望、失败的感觉。

最后,发现女儿身上的闪光点,是让她们正确认识自己的一个方法。例子中的家长就很聪明,如通过让女儿帮忙做家务,让女孩知道"体贴、勤快"是自己的一个优点。如果女孩经常能够从父母那里得知自己的优点,那她就可以做到正确评价自己的能力和品质,而不会觉得自己不如别人,更不会妄自菲薄了。

四 女孩容易嫉妒怎么办？

在进入本节的阅读之前，我们先来明确这样一个概念：什么是嫉妒？

心理学中有这样的解释：嫉妒是一种负面情绪，是指自己的才能、名誉、地位和境遇被他人超越，或彼此距离缩短时，所产生一种由羞愧、愤怒、怨恨等组成的情绪体验。它是有明显敌意甚至会产生攻击性的诋毁行为，不但危害他人，给人际关系造成极大的障碍，最终还会损伤自身。地位相似、年龄相仿、经历相近的人之间容易产生嫉妒。

在养育女孩的过程中，家长们常常听到女儿这样说：

我们班级那个最漂亮的女孩，真的有点胖，我看她也不好看啊；

以前没有我成绩好的那个人，这次考试名次竟然在我前面，她还没有我聪明呢；

……

如果家长们听到女儿说出这样的话，那说明我们的女儿已经开始滋生嫉妒的心理了。这个时候，女孩往往会表现得鸡蛋里挑骨头，或是说出一些带有诋毁性质的话，或是以非友好的态度对待她所嫉妒的那个人。比如，有的女孩常常是以无比挑剔的眼光看待班级里学习最好的那位同学，总是能够从学习以外的其他方面找出他的毛病，而且会在暗地里和其他的女孩一起讨论有关他的事情，诸如他的衣着不整齐、体育课偷偷溜跑出去、不爱说话、表情严肃等等。而且更多的时候，女孩们会夸大那些小毛病，随之说出一些带有攻击性、诋毁性的话，诸如他的品德不好、他不会做人、他和我们班谁谁关系暧昧等等。

在嫉妒心理的支配下，她们总是表现出一副不屑与他们说话的样子，同时也不愿意和他们成为朋友，每当看到他们，心里就会莫名其妙地生气,甚至是愤恨。

女孩这样的表现足以说明她们正在嫉妒别人。当然,最容易引起女孩嫉妒的还有班级里、学校里长相比较好的女同学,或是家庭条件比较优越的同学。

那么,女孩为什么容易出现嫉妒心理呢?

心理学家这样解释,女孩之所以出现嫉妒的心理状态是一种伪自尊在作怪。我们都知道女孩的自尊心极强,是不容许任何人践踏的。她们要求自己完美,要求自己各方面都做得很好,一旦她们付出了努力却被认为做得不好时,女孩的自尊心就会受到打击。出于保护自尊的心理,女孩往往会用贬低他人的成绩,或是诋毁他人的人格等方式来试图缩短与他人的差距,这就是一种伪自尊的心理状态。

就拿学习来说,大家在同一个教室里学习,每个人接受的教育程度相当,但是有的人学习好,有的人成绩不够好,面对这样的状况,所有人都会认为学习差的人是因为不用功或是智商不及人。于是,对于同样用功、成绩却不够好的女孩来说,她们的努力、勤奋、好强将通通被否定。与此同时,女孩追求完美、追求上进的想法将受到打击,同时她们的自尊心也受到了伤害。

此时,女孩就会错误地把这个责任推到比她优秀的人身上,进而用诋毁、攻击他人的极端方式来保护自己受到伤害的自尊心,这就是嫉妒的心理状态。

作为成人,我们知道,女孩子如果嫉妒心理很强,那她就看不到自己的长处和短处,也就不会充分发挥自己的优点,并想方设法弥补自己的缺点,而只是一味地否定自己、盲目地嫉恨他人。在这样的一种生活状态中,女孩也很难有一个轻松、洒脱的心情。

那么,作为家长我们应该怎样来帮助女孩走出嫉妒的误区呢?

一位家长为我们提供了一个好方法:

当女儿总是在家里说别人的缺点和毛病时,我知道她开始嫉妒别人了。有一次,她又在说她们班级最漂亮的那个女生怎样怎样,这时我很严肃地对她说:"你是不是嫉妒人家了?要不为什么总是讲那些话?"

虽然女儿极力否认,但我知道她嫉妒人是个不争的事实。然后,我找来纸、笔,让女儿说出她自己的优点和缺点,就这样我们边说边写。

结果纸上呈现出女儿的优点远远比缺点多。看着那张纸,我对女儿说:"看看,你有这么多的优点,可见你是个非常好的孩子。但还有一些不足,如不认真等,那你应该怎么办呢?"听我这么一说,女儿先是笑笑,说:"哦,原来我也挺好的啊,那以后把缺点改了,我不就更好了?"看着女儿我也笑了,说:"如果你能充分发挥自己的优势,那你就是最棒的……"

消除嫉妒的最好方法是客观地评价自己,并扬长避短。例子中这位家长的做法就非常科学。他首先意识到女儿嫉妒的心理需要纠正,然后让女儿说出自己的优缺点,并一点点地记下来。写在纸上的优缺点更能给女孩一种直观的印象:我拥有这样的优点,但也有那样的缺点。当女孩看到自己的优点时,她会真切地感觉到自己原来是个非常好的孩子,只要充分发挥自己的优势,那自己各方面的能力和素质都会超出现在的水平。同时她也会意识到自己存在着不足,只要改掉那些缺点,将有利于自己变得更加完美。

如果女孩能够客观地评价自己,认识到自己的优势,并能够找出与他人之间的差距,那她们将不再一味地否定自己,也不再盲目地羡慕别人,这时女孩就已经走出了嫉妒的心理误区。

五 青春期的女孩叛逆成性怎么办?

曾有位教师和我说过这样一句话:如果你发现你的女儿最近经常和你顶嘴、向你发脾气、冲你大喊"不要管我,我讨厌你们"……这说明她已经进入了青春期。

虽然这话未必正确,但足以说明青春期女孩的典型特点:叛逆。

与男孩一样,女孩在青春期时,也会表现出脾气暴躁、容易愤怒、不听父母管教等特点。这都是青春期女孩叛逆的一种司空见惯的现象。

这时候,由于家长不了解女孩的内心和真实感受,他们往往采用不科学的方式来管教她们。比如:

当女孩和父母顶嘴时,家长会狠狠地责骂女儿;

当女孩冲父母发脾气时,家长有时会动手打她;

当女孩冲家长大喊:"不要管我,我讨厌你们"时,父母会因伤心而对女儿不管不问,任其发展;

……

这些教育方法不但不利于女孩顺利地度过青春期,反而更易促成她们叛逆成性的行为特征。试想一下,一个经常打骂女儿的家长,他的话女孩会听吗?面对打骂时,女孩会有好脾气吗?一个从此对女儿不管不问的家长,会帮助女儿度过迷茫的青春期吗?……

这个时候,可能会有家长问,那我们到底应该怎么办呢?

在此以前,我们先来分析一下,女孩在青春期的时候形成叛逆性格的真正原因是什么。

心理学家认为,青春期的女孩与父母关系的好坏,往往决定着她们在那段时期会不会出现叛逆的性格特征。这也就是说,造成女孩叛逆的原因多半是因为父母不会与青春期的女孩相处,没有一个科学的方法来维系父母和女儿间的感情。

但是,父母要怎样做才能与青春期的女孩保持亲密联系呢?

一位家长是这样做的:

面对进入青春期的女儿,我们夫妻实行了"角色分工"战术。也就是说如果女儿出现一些必须通过严厉指责才能纠正的错误时,我们俩一个扮演"黑脸"负责斩钉截铁地指出女儿的错误,一个扮演"白脸"负责安慰女儿,并给予其耐心的劝导。

比如,当女儿受到妈妈的严厉指责,说她不应该和某个男生经常在一起时,女儿会感到委屈。此时,我就会以朋友的身份和女儿进行交谈,安慰女儿说:"其实,爸爸知道你们之间没什么,只是纯粹的友谊,但是友谊也是有界限的,你们经常在一起吃饭、学习,造成别人的误解就不好了,所以……"此时我的安慰和诱导会让女儿很快安静下来。

在对待易产生叛逆心理的青春期女孩,父母与女儿保持良好的关系非常有必要。例子中这位家长就是通过父亲和母亲的角色分工做到的。如当妈妈严厉指责女儿的缺点时,爸爸要在私下里和女孩保持朋友的关系,并给女儿相应的安慰和劝解。这样既可以化解女儿的悲伤情绪,又可避免父母与女儿间出现感情裂痕。

此外,维护父母与女儿间感情的方法还有很多,多去认同女孩的观点也是一种方法。

比如,针对早恋的问题,父母和女儿进行了沟通和交流,得知女儿认为早恋很好时,父母没有直接反对女儿的看法,而是先去认同她的观点。如家长可以说出早恋的诸多美好方面,诸如感情真挚、纯洁等。同时,再通过列举一些反例,暗示女儿这样的行为也会产生一些负面的效果。家长这样的做法,既和女儿在情感体验上达成了共鸣,又没有纷争地暗示女儿那样的行为也很具危害性。家长这样的做法,对于维护与女儿之间的关系将很有帮助。

图书在版编目（CIP）数据

不宠不娇养育女孩：图解版 / 云晓著. —北京：
朝华出版社，2014.7（2017.1 重印）
ISBN 978-7-5054-3690-9

Ⅰ. ①不… Ⅱ. ①云… Ⅲ. ①女性-家庭教育
Ⅳ. ①G78

中国版本图书馆 CIP 数据核字（2014）第 154695 号

不宠不娇养育女孩（图解版）

作　　者	云　晓
选题策划	杨　彬　王　磊
责任编辑	赵　明
责任印制	张文东
封面设计	千一凡文化
出版发行	朝华出版社
社　　址	北京市西城区百万庄大街 24 号　邮政编码　100037
订购电话	（010）68413840　68996050
传　　真	（010）88415258（发行部）
联系版权	j-yn@163.com
网　　址	www.blossompress.com.cn
印　　刷	三河市三佳印刷装订有限公司
经　　销	全国新华书店
开　　本	787mm×1092mm　1/16　　　字　数　240 千字
印　　张	16.5
版　　次	2014 年 8 月第 1 版　2017 年 1 月第 2 次印刷
装　　别	平
书　　号	ISBN 978-7-5054-3690-9
定　　价	29.80 元

版权所有　翻印必究·印装有误　负责调换